職場倫理
Business Ethics

第二版

朱立安◎著

序

何謂職場倫理？

　　一是相當重要的人與人之間的關係，所以有人提倡第六倫來補充；二是人與工作之間的關係，這就是職場倫理，也可以說就是在職場中的人際關係。職場倫理既然側重職場上的人際關係，廣義的職場倫理就應該包含三個部分：

　　　1.與顧客和合作廠商的關係。
　　　2.與老闆及主管之間的關係。
　　　3.與其他同事以及部屬之間的關係。

　　由於各行各業的屬性及要求不同，因此不同行業間可能會有不同的職場倫理。本書敘述闡明的是一般商業上基本的倫理，也就是大家所約定俗成的遵守規範。

何謂職場禮儀？

　　在商務場合，無論是展覽會、記者會、正式會議、參觀拜訪、簽約、接待客戶等，無一不是具有極其濃厚的商業色彩，所謂的商業色彩，也就是利益色彩。

　　例如說一個公司的職員，由於其在商務場合中的表現，常常會影響其客戶、競爭者、潛在客戶等對其本人以至於對其所服務之公司產生疑問或是更有信心。若其表現為負面的話，極有可能影響他人懷疑其公司一再宣傳的品質優良、永續經營、服務第一等之真實性。

　　訓練有素、禮節儀態良好之職員，可達成替公司加分之目的，反

之亦然。公司在產品方面花了相當大的精力與金錢來建立信譽，但是極有可能會由於少數職員之舉止失當而影響公司獲利與發展的機會，一般具有規模的公司多深知商務禮儀之重要性，因此在員工教育訓練時勗勉有加者有之，殷殷告誡者有之，其目的則是一致的，就是避免員工在商務場合中犯了不該犯的錯誤，當然最基本的是「如何避免成為一個令人討厭的人」。

英語中有一句話十分適合「客戶優先」這一觀念，那就是：Your wish is my command!我們不妨也用這一句話作為職場禮儀之定義吧！

朱立安　謹誌

2018年1月

目　錄

職場倫理

第一章

職場新鮮人須知

- 服裝與儀容
- 職前訓練
- 第一印象的重要
- 試用期間須知
- 隨時準備好
- 辦公場所的禮儀
- 遲到早退&請假休假

當我們順利找到一份理想的工作後，下一步就是準備報到與參加職前訓練了。本章將討論職場服裝、職前訓練需要知道的事情、如何給人良好的第一印象、職場中一些重要的觀念以及辦公室的基本禮儀。如此，應該可以幫助初入職場的新鮮人迅速融入企業體系內而受人歡迎。

一、服裝與儀容

古有明訓「人要衣裝，佛要金裝」，一個人的外表在公共場合至為重要，除了服裝本身的材質、式樣，搭配的配件也必須合宜、整齊，另外，優雅的態度舉止，也可視為整體外表的一部分，不可輕忽。

(一)服裝規定

一般公司就算有公司制服也不會替還在試用期的新人量身做制服，以免半途走人或是試用結果不合格而浪費公司的資源。但是有些公司會註明服裝準則（Dress Code），但無論男女，多是以簡單大方為原則，如果未註明，不妨請問一下通知你來報到的人，或是參照面試當天該公司的正式員工一般的穿著。

(二)儀容

務必做到整齊、清潔、精神、大方。還要注意一些小地方，如頭髮、鬍鬚、指甲等等。小地方常常被人忽略，但卻是他人評斷你的指標之一，尤其當你是新人時。

服裝儀容說起來很簡單，只要平常養成習慣即可，但就是有些人

會忽略，例如眾人皆知打哈欠時必須掩口，可是這些難看的畫面卻一再出現在我們的周遭，難道都沒人提醒他們嗎？

(三)儀容基本檢查

隨時注意姿勢、髮型，彎腰駝背、蓬頭垢面、妝沒化好、頭髮沒梳理好，只要犯了下列任何一項，就足以讓人側目了：

1.頭髮是否梳理整齊？髮飾是否太顯眼？女性長髮是否往後梳好綁好？頭髮的顏色是否染得太顯眼？

2.眼鏡是否清潔？

3.女性是否有掉妝或是化妝不均勻？

4.女性口紅顏色是否合適？

5.注意口腔衛生，是否有口臭、狐臭等體味？

6.手指是否乾淨清潔？指甲是否太長？女性指甲油是否有脫落？指甲油的顏色是否太濃或太紅？

7.服裝是否穿得太邋遢？是否有皺摺或不清潔？裙子是否有脫線？扣子是否都扣好？

8.肩膀上是否有掉落之頭髮或頭皮屑？香水是否太濃或太刺鼻？

9.絲襪顏色是否不協調？是否有破洞？可多準備一雙

服裝儀容須整潔大方

　　以備不時之需。

10.鞋子是否擦拭乾淨並保持光亮顏色？

二、職前訓練

　　職前訓練，亦稱「在職訓練」（On the Job Training, OJT）。主要是幫助新人能夠取得到任後的相關專業輔導，以利正式開始工作時能夠很快就上手，不會有不知所措的緊張與職務上的錯誤，所以是相當專業的訓練。職前訓練的時間長短差異極大，這要取決於是負責何種業務。

案例

　　據說有一家相當有規模的旅行社，在有關業務人員訓練時就給予極其嚴格而紮實的為期一個月的訓練，從早到晚每天八小時，中午由公司提供午餐不得外出。訓練的內容則由世界各地的地圖、各國相對位置、各國知名景點風土民情，以至特產和自費項目等。

　　這也只是其中一項訓練而已，其他的還有各個知名航空公司介紹，包含全球飛航據點、飛機機型、票價等等。全球的郵輪公司介紹，包含郵輪的噸位船型、郵輪的路線、郵輪上的各種設施及活動簡介。再者就是機票票務介紹，例如如何辨識機票、全球的城市機場代碼、機票的轉讓及作廢。當然還有很多與旅遊業務相關的介紹與訓練。

　　最妙的是結訓測驗，一個月過去了，測驗那天業務主管發給新人每人一張白紙，然後出題：

　　第一題：請畫出西歐、中歐、南歐國家的地圖以及首都位置。

　　第二題：從義大利羅馬進入由法國巴黎離境，以十四天的時間遍訪每一國，請畫出路線圖以及住宿地點。

　　第三題：假設瑞士大風雪隧道暫時封閉，請畫出代替路線但總行程時間不得變更。其中有一位新人的回答被主管駁回，理由是：代替路線中有一條隧道的高度低於一般歐洲遊覽車的高度，所以遊覽車根本無法通過。

　　試想，一個從來沒去過歐洲的新人若是能通過如此嚴苛的考驗，代表公司出去談業務時一定會讓客戶增加不少的信心。果然，聽說這家公司的業績蒸蒸日上，大放異彩，在同業中引起相當的震撼，也確實發揮了精兵政策的效果。

　　上述的例子只是服務業，還沒有牽涉太多的技術層面的考量，若是科技業就又是另一回事了。我曾經在一家公司見識到業務代表的訓練：整整三個月！內容更是五花八門，需要考量的面向更多了。如機構的設計原理、交流與直流電的差異、硬體軟體與韌體的相互關係與運作原理、TCP/IP與UDP/IP的區別等等。再來就是通訊方式與設定方式、操作介紹與故障排除。

　　以上只是原理與操作，真正耗時的是機器本身的組裝與更換模組件，只見受訓人員是裝了又拆、拆了又裝，還得保證機器本身作業正常無任何異狀。業務人員必須跟工程師一樣熟悉產品，如此才夠資格代表公司向客戶介紹相關產品，當然，如果客戶面對一位極為熟悉產品特性，又能對各種問題對答如流的業務人員時，一定對這家公司印象深刻，也相對地增加對他們產品的信心。

三、第一印象的重要

我們都知道「第一印象」（A Good First Impression）相當重要。有時候，「第一印象」可以決定一個人的前程，甚至命運。心理學家給「第一印象」取了一個很好聽的專業名詞，叫做「首因效應」（Primacy Effect）。

首因效應也稱為「第一印象作用」，或「先入為主效應」。第一印象作用最強，持續的時間也長，遠比以後得到的資訊印象更強。首因，是指首次認知客體而在腦中留下的「第一印象」。

在心理學中，首因效應也稱為「第一印象效應」。第一印象，是在短時間內以片面的資料為依據形成的印象，心理學研究發現，與一個人初次會面，四十五秒鐘內就能產生第一印象。這一最先的印象對他人會產生較強的影響，並且在對方的腦海中形成主導地位。近代心理學家曾經指出：保持和復現，在很大程度上依賴第一次出現時注意和興趣的強度。並且這種先入為主的第一印象是人的普遍的主觀性傾向，會直接影響到以後的一系列彼此互動的行為。

首因效應本質上是一種優先效應，我們總是比較重視前面獲得的資訊。即使我們同樣重視了後面的資訊，也會認為後面的資訊是非本質的、是偶然的，人們習慣於按照前面的資訊解釋後面的資訊，即使後面的資訊與前面的資訊不一致，也會傾向於相信前面的資訊。

首因效應表現在先入為主上，先入為主給人帶來的第一印象是鮮明的、強烈的、難忘的。對方也最容易將你的首因效應存進他的大腦，留下難以磨滅的印象。雖然我們也知道僅憑一次見面就給對方下結論為時過早，首因效應並不完全可靠，甚至還有可能會出現很大的差錯，但是，絕大多數的人還是會下意識地跟著首因效應的感覺走。

　　所以說，我們若想在人際交往中獲得別人的好感，就應當給別人留下良好的「第一印象」。為此，我們初次與別人見面時，千萬要注重自己的衣著打扮，穿著要整潔，打扮應適度，言談舉止要得體，盡可能給別人留下一個美好的印象。有的人不諳此道，不太注重「首因效應」，因此吃虧而不自知。

給他人良好的「第一印象」非常重要

　　我們從小就被告知，不要「以貌取人」，然而最新研究顯示，「以貌取人」是真的有其可信度的。

案例

　　國外有一百多位大學生參加一項研究，內容是根據照片來猜測出實驗對象的人格特質。方式則是：先拍攝實驗對象兩張不同姿態的照片，然後，學生根據這些照片的十個特徵進行評價，即使是看著編號1照片，也能夠準確地猜出三個特徵：外向性、自尊與宗教信仰。當看著編號2照片時，學生們幾乎能準確地猜測出所有的特徵。

　　照片1：是依照研究人員要求的姿勢，刻意盯著鏡頭、沒有笑容、兩腳與肩同寬、雙手放兩邊，顯得嚴肅而呆板。

　　照片2：是在個人自然、自在的姿勢下拍攝。

　　其實專家早就知道，人們常根據非常有限的資訊對他人驟下結論，但是這些結果令人驚訝的是，即便只有根據一張照片，也可以對其人有正確的判斷。例如，外向的人往往會笑容較多、站姿充滿活力、沒有那麼緊張、看起來很健康、整潔、時髦等。

　　由前述可知，第一印象是多麼的重要了。根據經驗，如果有一個人給你極佳的第一印象，就算他日後有些不妥的言行舉止，你一般都會從寬認定，多從正面思考。若是他人給你極差的第一印象，就算是日後表現得很好，也很難給他加分，所以務必做好第一印象，尤其在職場上。

　　聰明的新人除了儘量在訓練期間吸收相關知識以迅速成長外，若是能夠表現出積極的學習態度、舉一反三的聯想能力和樂於受教的謙遜態度，一定會給前來訓練的主管和專業人員留下良好的印象，要知道，這些人也極可能是日後給你評價、考核打分數的同一批人。

四、試用期間須知

　　無論是第一次工作的職場新人，還是希望更上層樓的跳槽人員都極為重視試用期（Probation），因為他們都知道勝敗在此一舉，不但在此期間要得到公司的肯定以利日後發展，更要廣結善緣讓自己在此新環境得道多助，奠定更上層樓的基石。試用期滿後公司相關部門會根據受訓期間的表現提供一份評估報告給公司，作為轉為正式職員或是不適任的依據。下表是試用期間將被評量的項目。

試用人員評估表（Probation Assessment Form）

1. 專業能力與專業知識（Professional）
2. 時間控制（Time Keeping）
3. 溝通能力（Communication）
4. 適應能力（Flexibility）
5. 企劃與組織能力（Planning and Organizing）
6. 團隊合作（Team Work）
7. 不斷進步（Continuous Improvement）
8. 解決問題與做決定的能力（Problem Solving and Decision Making）
9. 創造力與分析力（Creative and Analytical Thinking）
10. 影響力、說服力與談判能力（Influencing, Persuasion and Negotiation Skills）

而考核人員會根據新人的實際表現給予各項評分：

1.Completely Satisfactory（很滿意）。

2.Satisfactory but Development Needed（還算滿意但仍需進步）。

3. Not Satisfactory（不滿意）。

當然第一項是愈多愈好，第三項太多的話就準備再找工作了。

以下是一些必須要、一定要注意的重點：

1.保持低姿態（Keep Low Profile）。

2.完全知道公司的希求。

3.瞭解公司的規定並完全遵守。

4.知道如何完成公司要求的成果。

5.要有完整的計畫以達成目標。

6.訂定一張計畫表以免遺漏重要事項。

7.盡可能向專家請教問題並與之討論。

8.儘量爭取大多數正式職員的好感、認同與支持。

9.多花時間在工作上，盡可能早到遲退。

10.務必注意公司文化以及辦公室禮儀。

 ## 五、隨時準備好

機會是留給隨時準備好的人，成功總在不斷地堅持後才會到來。

「Are you ready?」是我們經常聽到的一句話。但是，機會真的來臨時，Are you really ready? 所以一定要準備好，而且是隨時、隨地的準備好。當你第一天報到時就必須完全準備好，包括你的心態要百分之百的準備完成，準備接受第一份任務；你的服裝、儀容以及應該攜帶的物件也應該準備妥當，正如同一名身經百戰的士兵，在出發作

戰時一定會再三檢查個人的裝備，調整自己的心態，準備隨時接受苦戰，因為他知道，只要稍有疏忽，結果就極可能是命喪沙場，所以一定是仔細檢查裝備，保持高度的警覺心投入戰場。

又如同一名經驗豐富的籃球教練，在比賽時一定會不斷地提醒在場邊觀戰的替補球員：注意場上的比賽，保持作戰的心態，做好自己隨時會奉命上場的準備，以便一旦被指派上陣時能夠立刻發揮功能，為球隊打贏比賽。試想，若是一名未完全準備好的球員被指派上場，愣頭愣腦，無法發揮戰力也無法做到team play，其結果一定是馬上就被換下來，而下一次上場的機會恐怕就少之又少了。

所以，只要是在工作的時間內，就要做個百分之百的職業人，絕對不可稍有鬆懈、怠慢。當然除了服裝儀容等外表必須符合公司的要求外，語言、態度、應對、舉止等也必須完全職業化。So, get ready to work!

六、辦公場所的禮儀

(一)開放式辦公環境更需要禮儀

隨著辦公室環境的變化，越來越多的開放式辦公環境出現，然而吵鬧和不整潔的辦公環境給員工造成了很多的困擾，使其在這樣的工作環境裡倍感挫折。

例如手機鈴聲造成的干擾、說話聲音過大的干擾、雜亂的茶水間和辦公桌、一些員工隨意占用公共空間擺放自己的私人物品等問題，讓其他員工很不舒適。開放式的辦公環境已經在工作場所越來越普遍了，但是由於很多員工都被干擾，長此以往，連這些本身造成其他人

干擾的員工，也會導致自己的工作效率下降，誠可謂是惡性循環。

當然現在的社會中是很容易就受到干擾的，但是工作場合的干擾，感覺會更加難受，因爲你無法把這些討人厭的員工趕離辦公室。很多員工都會裝飾自己的小隔間，這些裝飾有的很怪異，有的很漂亮，員工們試圖劃分出一些地域和空間，而且試圖將這些當作自己的私人空間以避免他人涉入或打擾。

許多企業總部培訓員工時，都會教導他們在一個開放的辦公環境可以做什麼、不可以做什麼的內容，希望可以保持一個令人舒適開心的辦公場所。

(二)辦公桌的禮儀

一看到凌亂的辦公桌，就對這個桌子的主人打了折扣。所以保持辦公桌的清潔是一種禮貌，那些所謂的愈亂工作態度愈認眞的說法只是玩笑而已。

很多人大部分時間是在辦公室裡度過的，辦公室不僅是工作的場所，還有許多的同事與人際交往，要讓自己成為一個在公司裡受歡迎、在事業上有成就的人，就必須瞭解和遵循辦公室裡的禮儀。辦公場所最先注意的應該是辦公桌。辦公桌是辦公的重點地方，辦公桌擺放好了，辦公環境就好了一半。

辦公桌上不能擺放太多的東西，只擺放需要當天或當時處理的公文，其他書

保持辦公桌的整潔是一種禮貌

籍、報紙不能放在桌上，應歸入書架或報架；除特殊情況，辦公桌上不放茶杯或茶具。招待客人的水杯、茶杯應放到專門飲水的地方；文具要放進筆筒或是放在抽屜裡面，而不是散亂地放在桌上。

(三)保持整潔的辦公環境

保持辦公環境的整潔美觀，既能體現企業的團體意識和團結精神，又能美化工作環境，給來訪者一個雅緻、禮貌、舒適的感覺。

大型企業的辦公場所多遵循如下原則：

1. 禁止擺放與工作無關的個人用品（如餐具、裝飾品等），每天至少做一次基本清潔，至少做到窗明几淨，地面無汙物，桌面無灰塵。
2. 物品擺放要做到整齊、美觀、舒適、大方；個人辦公桌及檔案櫃要經常清理。
3. 物品擺放位置以順手、方便為原則，有利於提高工作效率。
4. 電腦要保持整潔，鍵盤、螢幕、滑鼠要擦拭乾淨，確保正常運轉。
5. 檔案資料櫃要貼牆擺放；各類資料、物品要編號，檔案資料的擺放要合理、整齊、美觀。
6. 暫時離開辦公室時，座位依

應隨時保持辦公環境的整潔美觀

原位放置；人離開辦公室短時外出時，座位半推進；人離開辦公室超過四小時以上或是下班時，座位須完全推進。

如果辦公室裡有沙發，最好遠離辦公桌，以免談話時干擾別人辦公。茶几上可以適當擺放裝飾物，例如盆花等。臨時簡短的談話可在這裡進行，較長時間的談話或討論則應在會議室進行。

辦公室要做到窗明几淨，玻璃應該經常清理，書架的玻璃門要保持潔淨、透明。辦公室的門不應該關閉過緊，以免來訪者誤以為沒人在，也不能用窗簾遮擋。辦公室是公眾場所，不得高聲喧譁。不應摔門或用力開門，出入及入座要儘量輕手輕腳，避免猛力坐下給人的粗俗感。

辦公室的地面要保持清潔，地板要常清掃、擦洗，地毯要定期吸塵，以免孳生寄生蟲、塵蟎。窗戶要經常打開換氣，門窗不常開，室內空氣混濁，會給來訪者帶來不舒服的鬱悶感覺。

電話機要經常清理，以專用消毒液進行擦洗，不能沾黏塵土和汙垢，一間辦公室是否清潔，電話機是一個重要指標。因為當你打電話的時候，不經意間，手上、臉上也許就黏附上了病原體。打電話時手上攜帶的病菌會汙染話機，唾液會汙染話筒，所以電話機不僅是傳遞資訊的工具，同時也成為傳播疾病的媒介。電話機消毒可以用酒精來擦拭其外殼部分，但由於酒精容易揮發，效果不能持久，所以應當經常地擦拭。

英國一個組織宣稱，手中的鍵盤可能比廁所中的抽水馬桶座便器板更髒。此一組織測試了三十三個鍵盤樣本，這些鍵盤上面的細菌比廁所馬桶座板的細菌還多五倍，超過一般細菌數標準的一百五十倍，這些病菌有很大一部分隨著打字而鑽入人的鼻孔，當然，滑鼠更是細菌的主要聚積地，也是應該經常清潔消毒的。

任何在電話中談及私事的做法都是違反規定的。電話中談及隱

私，對辦公室裡的其他人也是不尊重的行為。接電話時聲音要小，不能高聲喊叫，以免影響他人。

　　辦公室的牆面切忌亂釘亂畫，不能在辦公室的牆上記錄電話號碼或張貼記事的紙張。牆面可懸掛地圖或是與公司有關的圖片。

　　寬敞的辦公室可以放置盆花，或可以選用以綠色為主的植物，綠色植物是裝點辦公室的主要材料，綠色可以給人舒適的感覺，可以調節人的情緒。對盆栽要給予經常的澆灌和整理，不能讓其枯萎而出現黃葉。可以在綠葉上噴水，使其保持翠綠色。花盆的泥土不能有異味，花肥要經過精選，有異味的肥料會引來蒼蠅或孳生寄生蟲，反而會給辦公室帶來汙染。

(四)辦公室餐飲

　　若是使用一次性餐具，最好吃完立刻扔掉，不要長時間擺在桌子上。如果突然有事情無法返回座位時，也記得禮貌地請同事代勞丟棄。容易被忽略的是飲料罐，只要是開過的，長時間擺在桌上總有損辦公室整潔。若想等會兒再喝，最好把它藏在不被人注意的地方。

　　吃起來湯汁會亂濺以及聲音很大的食物最好不吃，因為會影響他人。食物掉在地上，最好馬上撿拾乾淨。餐後將桌面和地面清理一下是必須的。有強烈味道的食品，儘量不要帶到辦公室。即使你很喜歡，也會有人不習慣的。而且其氣味會瀰漫在辦公室裡，這是很損害辦公環境和公司的形象。此外，在辦公室用餐時間不要太長。一個注重效率的公司，員工會自然形成一種良好的午餐習慣：簡短、安靜、乾淨。

(五)有借有還的禮貌

俗語說：「有借有還，再借不難。」假如同事順道替你買外賣食物，請先支付所需費用，或在他回來後立即把錢還給對方。若你剛好錢不夠，也要在次日還清，因為沒有人喜歡向人追債，尤其是小錢。同樣地，雖然公司內的用具並非私人物品，但亦須有借有還，否則可能妨礙別人的工作。

其他無論是個人文具、公司共用物品，如打掃清理的用具，還有如推車、公務車等等，務必使用過後迅速歸還並且告知。另外，同事之間儘量避免金錢往來，因為一般的結果都是不愉快的。

案例

曾經有一個職員在各方面表現都很好，但就是沒有人緣，大家都討厭他。原來他每次使用公司公務車時，經常在車上吃喝，弄得十分髒亂而不加以清理，而且就算是油箱快要沒油了，也從來不會去加油，使得下一位使用者提心吊膽，就怕在半路沒油而拋錨。

(六)電梯間裡的禮儀

電梯內空間狹小，尤其需要注意身在其中之禮儀。在先進國家，電梯內從來不會聽見有人高談闊論，或是粗魯無禮地大聲講手機。

在電梯內應注意下列事項：

1.進入電梯後請立即轉身面朝開口方向或是面朝中心亦可，不可面朝四壁與人目光對視、大眼瞪小眼，十分尷尬不安。

2. 電梯內空間狹小，應保持安靜，並禁飲、禁食、禁菸，切忌高談闊論、隔空喊話。

3. 站立於電梯按鈕旁之人，有榮幸及義務替其他同乘者服務，可主動詢問各人欲前往之樓層，並替他們按鈕服務，其他人則應致謝，最好不要自行伸長手臂翻山越嶺地去按鈕。

4. 殘障人士、孕婦、老弱等，有優先進出電梯的權利，其他人必須儘量挪讓空間給予方便。

5. 如果剛巧看見有人急奔而至，想搭電梯而門又即將關上時，伸出援手吧！舉手之勞可以讓他省下不少時間，他無言的感激可讓你感受到助人之樂。

6. 身上若背了背包或拿了許多東西時，務必小心進出電梯，以免無心碰觸到他人而引起不快。

7. 行動電話響起時，請務必壓低聲音儘快通話完畢，在如此狹小的空間內，別人想要不聽你的談話都不可能。

8. 奉行「女士優先」的信條，如果你是男士則必須爲其擋門、按鈕，如果你是女士的話，只要點頭微笑即可，最多說聲：謝謝！

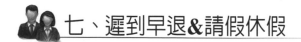

七、遲到早退&請假休假

(一)遲到早退

所謂遲到，一般是指規定時間的十至十五分鐘之後，如果沒有超過十五分鐘不算是眞正的遲到。通常，遲到的人會找很多理由來解釋，最常見的理由都是發生個人的意外，例如堵車、身體不舒服等。

歸根結柢，最終極的原因就是沒有早一點出門。遲到是一種習慣，一種藉口，並不是一種可以諒解的原因。所以員工必須養成良好的作息習慣，寧可提前，也不趕晚。

至於遲到還要找人簽到打卡，這就更不應該了。企業為了防止代簽到和代打卡，因而設立許多規定，一旦查獲，處分都是極為嚴厲的，因為這已經牽涉到欺騙與不誠實的行為了。一個人遲到不單單會耽誤個人的工作，也會影響到其他人工作的進行。例如，由於一個人缺席，導致會議無法順利進行，浪費了大家的時間。也有人在會議中找藉口悄悄地溜走，這種早退而未告知的行為也是非常沒有禮貌的。

(二)請假休假

上班族難免有些私人的事情需要臨時請假，但是如果這些工作沒有適當的人來接手，請假就會給公司造成很大的困擾。所以，請假應該提早規劃，使工作不會因為你請假的緣故而無以為繼。

有些人情緒不穩定、心情不好或是個人私事太多就藉故請假，這不僅是不敬業的表現，也違反了公司的運作規範。休假的情形也是一樣，雖然休假是個人應享的權利，但個人的休假一定會影響到公司整體工作的進行，所以即使休假，也要提前安排並告知主管，這才是對工作負責任的態度。

Note...

第二章

辦公室基本倫理

- 尊重他人
- 避免浪費公司資源
- 公私分明
- 公司機密
- 多付出少要求
- 辦公室惡習與善習

　　參加職前訓練後也正式到任開始工作了，這時才算是真正的進入職場了。辦公室其實就是一個社會的縮影，跟單純的學校環境差異很大，可說是什麼樣的人都有，什麼事都有可能發生，因此相關的職場語言以及職場內如何應對、如何相處以及如何趨吉避凶更是非常重要的。

一、尊重他人

　　辦公室倫理首重「尊重」，俗語說：「人必自重而他人重之，不重他人人必侮之。」在辦公室倫理中，最為重要的一點，就是要對他人──包括你的同事、主管、部屬──表現出對他們的尊重，尊重他人的隱私和習慣以及空間。只有尊重他人，才能得到他人的尊重。

> 尊重他人是一種禮貌，尊重他人是一種素質，尊重他人
> 是一種度量，尊重他人是一種品格。

　　人受到尊重才會有尊嚴，良性的尊重，更能使彼此相信相依、互尊互信、和樂融融，故尊重乃人際關係的潤滑劑。所謂「尊重」，就是欣賞別人的成就、人格、見解等；激勵他人，是對人讚賞，對己獎賞，活絡彼此互動關係，相輔相成，經常可以化阻力為助力。

　　辦公室首先要區分公共的區域（Public Domain）與個人的空間（Private Domain）。在和他人進行電話或是面對面溝通時，說話的音量應控制在彼此都能夠聽到的範圍就好，以避免打擾他人的工作。當然也不要刻意偷聽他人的談話。其次應該儘量避免在自己的座位上進餐，實在不可避免時，要儘速完成，就餐完畢之後應設法迅速通風，保持工作區域的空氣新鮮，以免他人受到味道的影響。

　　再來就是未獲同意不要翻動他人桌上之物品、文具、話機或是電

腦，有些人有潔癖，其他人身體與器物的接觸都會遭致反感。此外，不要偷窺他人的螢幕，想窺探其他同事在做什麼？在上什麼網？

在公司勿談論他人隱私

只要是屬於個人的私領域，都應該儘量避免侵入。大家都知道未獲允許絕對不敢擅入老闆的辦公室，但是試想一位櫃檯小姐若是身後隨時有人來翻東找西的，她會覺得受尊重嗎？所以，尊重他人隱私指的是公司裡所有的人，不論身分、地位、性別或是年齡。

隱私本身也是一個相對而言的概念，同　件事情在一個環境中是無傷大雅的小事，換一個環境則有可能非常敏感，以上列舉的，均屬於隱私範疇。還要注意的是：

1. 不要在公司談論私生活，無論是辦公室、洗手間、茶水間還是走廊。
2. 不要在同事面前談論和上司超越一般上下級的關係，尤其不要炫耀和上司或其家人的私交，即便是真的有特殊關係。因為這對工作無任何幫助，可是卻會造成上司的困擾。
3. 不要隨便與同事談論自己的內心祕密，除非你已經離職。個人隱私與他人無涉，尤其是同事，別把他人當「心情垃圾桶」。
4. 如果同事已經成了好朋友，也不要常在大家面前和他親密接觸，尤其是涉及到工作時更是要公正。
5. 對付包打聽型的同事要有禮貌，但委婉堅決表示「非禮勿

言」，以免日久被歸爲與他同一類的人物。

6.不打聽薪資。很多公司都明文規定不允許員工之間互相打聽薪水多少，因爲同事之間的工資往往有不小差別。同工不同酬是老闆常用的手段，用得好是獎優罰劣的一大法寶，用不好，就容易引發員工之間的心結，而且最終會掉轉槍口直指老闆或是主管，這當然不是管理階層所樂見的，所以一般公司對這類的人總是格外防備。

7.用大家都聽得懂的語言溝通。各行各業都有自己的行話（Jargon），也就是專業術語，無論在公司內外大家都會如此表達。例如MIS（Management Information System）人員，我們都知道指的是公司內與電腦、網路相關的服務管理人員，只要電腦、網路有問題找他們就對了。辦公室裡大家都很忙，也都有自己的事情要處理，因此用所有人都聽得懂的語言與他人溝通不但可以讓聽者完全理解，也可以表現自己專業的一面。

8.注意基本禮貌。我們從小就被要求的「請」、「謝謝」、「對不起」，這三個詞一定要經常掛在嘴邊。無論是中外各國，大概都是一樣的，尤其是在職場上比較講究禮貌的場合更應如此。所以養成好的習慣是必要的，宜注意基本的禮節。

當然，還有一些地方必須要注意。例如，有一次我去拜訪一家公司，到達櫃檯時說明欲拜訪的人名及職稱，只見櫃檯服務人員一副愛理不理的樣子，眼看他口中喃喃：「哪裡找？」頓時就感覺眞是一家沒有訓練的公司啊！至少應該說：「請問哪裡找？請稍候一下。」一個公司的門面居然可以如此，內部的組織與公司將來的發展也就可想而知了。結果不到一年該公司眞的結束營業了。

二、避免浪費公司資源

人人都知道節儉是一種美德，但這裡指的是辦公室的節約，也就是避免無謂的浪費。絕大多數的老闆或是主管幾乎都無法容忍在工作場所浪費成性的員工，小地方如影印的紙張、不需要電源的關閉；大至出差時差旅費的申請、與客戶聚餐時的花費等等。

法國作家大仲馬說過：「節約不僅是窮人的財富，也是富人的智慧。」的確，勤儉節約是美德，真正理解節約也是一種創造財富的智慧。「克勤於邦，克儉於家」以及「以勤養志，以儉養德」都是我們祖先尚儉的至理名言。老子將儉視為為人處事的三寶之一；孔子把儉和溫、良、恭、讓視為同樣重要的五德，凡君子都應該溫、良、恭、儉、讓。

崇尚節儉，對每個人來說，既是一個良好的生活習慣，也是一種文明行為；對社會來說，是一種優秀的文化，也是社會文明高度的體現。節約不僅是簡單的節省，而是合理地使用；合理地使用，就是創造財富。

案例

某公司任用一名新的業務人員，他在各方面都表現得很好，待人接物、與客戶相處、業績表現均是水準以上。但是，不到半年就被解僱了。原來他喜歡占公司一些小便宜，如汽油費以少報多、拿公司送給客戶的贈品轉送他人等等，其實都只是一些小錢，但是被公司知道後立刻就被炒魷魚了，原因是：品德有嚴重瑕疵。

老闆的思維：「花一塊錢很容易，要替公司賺一塊錢卻是非常艱難。」因此務必要做到「節約」。要做到節約最好的辦法就是「將心比心」，把公事上的每一筆花費都當成是由你荷包裡掏出來的，將辦公室裡所有的能源與耗材都當成是家裡的來珍惜使用，將公司裡所有的設備都當成是自己個人的財產來謹慎使用。

因此，我們在使用公司設備時一定要謹慎小心，如影印機、傳真機，避免無謂的浪費。申請文具也以夠用為原則，如此不但替公司節省了開銷，也養成個人節約的美德，「兩全其美」不是很好嗎？

三、公私分明

很多在職場中做事的新鮮人經常把公事與私事混雜不清，不會拿捏分寸，輕則影響工作進度，重則影響公司業績或是部門關係。職場中應該在一開始時就做清楚的溝通。說明每個人對工作的責任歸屬、釐清關係，同時在工作過程中，不斷地強調自己對工作的要求，還有就是私誼不表示工作就可以隨便的態度。公私分明，就是不要將私人的事情帶到職場中。

(一)對人方面

所謂公私分明就是對工作認真、負責、精益求精。公事就是公事，只要與公司有關的任何事情就是公事，而只要是公事就必須處理、正確處理、盡速處理，不可因為個人的關係而不處理或是故意延遲處理，以私害公。不談論他人是非，探人隱私，造成職場困擾。職場中也切忌私人借貸，以免破壞同事情誼。

另外，避免形成小團體或是故意排擠某些人，應當與所有同事儘量

保持等距。也應儘量避免辦公室的男女私情，畢竟一有感情事件涉入就很難處理，這也是爲何有不少企業明文規定禁止辦公室戀情的原因了。

公司裡避免形成小團體或是故意排擠他人

(二)對事方面

上班時間內儘量不要處理私事，如私人電話、私人信件、私人友誼等。簡單的說，就是工作時間內你整個人都是屬於公司的，若是眞的難以避免，也請儘速完成。另外，不假公濟私，將公司的資源挪爲個人私用。

1. 不挪用公物，譬如文具、設備、電腦、影印紙等等。
2. 公司的物品絕不帶回家使用。
3. 不挪用公款。管理公司的公款，或是向客戶收取的公款，應立即繳回公司，切莫私自取用。

總而言之，公私分明是職業化最基本也是相當重要的觀念，永遠記住：先公後私、有公無私。

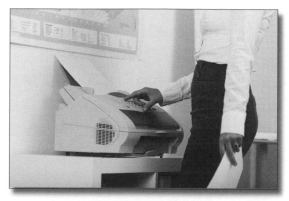

公私須分明，不可以公器私用

　　某大公司的十名員工因為轉寄「董事長致員工公開信」而遭開除處分，開除的罪名被冠以不務正業，也就是員工不當的使用公司的電子郵件。對多數上班族而言，此事件就如同當頭棒喝般的震撼，因為在日常工作中，大家早已習於透過上網、電子郵件、Skype等來獲得及時的資訊，在習慣成自然的情況下，鮮少有人會去思考這種行為背後的合適性與正當性。而這次事件之所以受矚目，就在於這樣的行為也極可能發生於你我之間。

　　各位或許納悶「有這麼嚴重嗎？」不妨參考下列幾個發生在國外的例子：

▶在英國有一位主管因為於午休時間上網蒐集渡假資訊，而遭到解職處分。雖然她向法庭申訴，她不過是在四個工作天中，用一百一十一分鐘的時間處理非工作相關事務，但她還是敗訴了。

▶美國的全錄公司解僱四十名員工，因為他們在上班時間上色情網站。

▶美國有86%的上班族用公司的電子郵件系統收發私人信件，其中有10%的人甚至表示他們曾收過涉及公司業務機密的郵件。

▶加拿大有78%的上班族於工作時瀏覽與工作無關的網站。

▶英國人於上班時間在網路上閒逛的時間平均為半小時，而每年有八百萬個工時就在與工作無關的網路遨遊中無聲無息的消失殆盡。

而且在資訊傳送中，時常因為包含有大量圖片的附加檔案而造成

網路塞車，進而引起系統當機，更不用提若不慎遭到病毒感染時，造成系統癱瘓、資料損毀，而影響企業正常運作的災難。這些科技設備原是為提升工作效率而設，若因員工的不當使用而造成未蒙其利反受其害的狀況，絕非企業主所樂見。

這也正是企業必須要制定政策來規範的原因。在美國，企業裝置監測軟體來監測員工是否有不當使用的情形已相當普遍，員工未必知悉他在鍵盤上所敲的每一個字，所進入的每一個網站，都被監測軟體記錄得一清二楚。

因此，無論你多麼想用Line跟同學朋友聊天、八卦，多麼想上網瞧瞧新裝，還是想去團購撿便宜，務必三思！別忘記經典名言：凡走過必留下痕跡。

四、公司機密

職場的圈圈其實比想像的小很多，尤其在同一行業中轉職，耳語很快就傳到新任雇主耳中。如果離職時處理得不漂亮，交代不清楚，難保不會影響下一個工作。所以，無論你對舊環境有多麼不滿，交接清楚是身為員工的基本道德。此外，請維護老東家及舊夥伴的形象，無論多麼不滿，不要否定曾經共事的人，相對地，要展現寬容關懷的態度儘量替他人著想，另一方面也展現自己的風度，也為自己多留一條路，說不定哪天又重新當回鍋油條呢！

最令公司無法忍受的行為，就是離職人員帶走公司的重要資料或資源，尤其是客戶或客戶資料。如果你無情無義在先，又怎能期待新雇主在人事求證時，老東家及舊同事會幫你講好話？就算是帶槍投靠，新公司難道不會怕你積習難改，再叛變一次？所以切記：離職時的惡劣行為，無疑地會在未來的求職路上留下一枚不定時炸彈。

根據調查，超過三分之一的資訊從業人員濫用管理權限擷取保密資訊，例如薪資資料或會議紀錄。其中的三成承認曾窺探他人隱私，而七成受訪者表示，他們能夠得到與自身職務無關聯的資訊。員工最常偷取的資訊是人事資料，其次依序是客戶資料、購併計畫、裁員名單和行銷資訊。據統計，六成的離職員工承認離職時曾經帶走公司機密文件。

(一)何謂「公司機密文件」？

如客戶資料、電子郵件名單、員工資料，其中包括聯絡方式及非財務相關的資料。其中以來自財務金融產業的比例最高。一般公司其實都有明文規定不允許帶走這些重要的資訊；60%遭竊的資訊是在電子郵件當中；40%帶走客戶資訊包含聯絡方式；30%是員工個人資訊；20%的員工在離職後仍然可以存取公司的網路，而其中40%的人離職一週後仍然擁有這個權限。

事實上從一個人離職時的態度，最能看出他是否有責任感。希望自己經手的工作不留下半點汙點，這不但包含了對他人的同理心，對工作的尊重，最重要的是——對自己的保護。

案例

據某報報導「科技經理離職帶走資料，以背信罪被起訴」寫道：新竹科學園區一家科技公司C經理，跳槽前不僅將公司研發的商業秘密資料帶走，還慫恿一起跳槽的同事如法炮製，侵害公司著作財產權，結果新竹地檢署依背信罪將他起訴。

離職前的最後美好演出，也許違背自己的本意，但要想想自己還在領公司薪水，而且周圍的人可能對你的未來有或多或少的影響，所以還是好好演一場漂亮的離職戲吧！

(二)「員工不得洩露公司機密同意書」範例

下列為「員工不得洩露公司機密同意書」之範例，提供讀者作為參考：

員工不得洩露公司機密同意書

在我的僱用期間，我可能會接觸到公司某些商業祕密；技術資訊包括方法、流程、公式、組合、系統、技術、發明、機械、程式設計和研究專案；商業資訊包括顧客名單、價格資料、材料供應來源、財務資料、行銷、生產或商品採購系統或計畫。

我同意在我離職或不在公司後，絕不會揭發或洩露公司商業機密、機密資訊或屬於公司所有的資料，給第三者或我未來的雇主，或做出任何違反此同意書的行為。

在終止我與公司的僱用關係後，我將歸回公司全部檔案和屬於公司的財產，包括但未必局限於：草圖、藍圖、報告、手冊、信件、顧客名單、電腦程式和全部涉及公司業務的其他資料與複製資料，以及在任職期間獲得的任何資料。我更進一步同意將不保留上述資料資訊的複製、筆記或節錄摘要。

公司可以通知我將來或預期的老闆或第三者，有關此同意書的存在，公司若遇任何可能的破壞合約同意書行為時，可以申請法院強制執行或其他採取法律救濟措施。

我同意此同意書將我本人和我的受益繼承人與公司利益間關係產生法律上約束效力。

五、多付出少要求

約翰‧甘迺迪總統的就職演說裡有一句經典名言：「不要問你的國家能為你做些什麼，而應該問你能為國家做些什麼。」（My fellow Americans, ask not what your country can do for you, ask what you can do for your country.）。

這句經典名言同樣是我們在職場上成功的基本準則。在企業裡，如果不想被別人取代，我們必須經常問自己：「不要問公司能為我們做些什麼，而應該問我們能為公司做些什麼。」

作為一名普通員工，我們在工作的時候是否應該問：「我到底能為公司做些什麼？我為公司做了多少貢獻？」而不是一味的抱怨公司待遇不好、公司沒有為我做什麼事？如果面對這樣的問題，你會做出怎樣的回答呢？

回答1：我為公司做出了很多的貢獻，卻沒有得到應有的回報……

回答2：拿多少錢，做多少事，就給我那麼一點點的工資，我憑什麼要多做事？

先說第一種情況，很多人對自己的能力和表現過度自信，總是對公司有許多的不滿，覺得是公司虧待了自己。經濟學著名的80/20理論，即80%的經濟價值是由20%的人所創造。讓我們平心靜氣地捫心自問：自己屬於這20%的範圍嗎？相信絕大多數人的答案都是肯定的，都會認為自己屬於那創造了巨大價值的20%的人群，是公司不可或缺的人才。那麼，其餘的80%又是誰呢？

甘迺迪總統的這句話道出了許多人沒能獲得成功的根本原因，因為在現實生活和工作中，大多數人更關心自己的利益，關心自己能否獲得足夠的支持和幫助。在職場中，很少有員工會問自己：「我能為

公司做什麼？我能為同事做什麼？」若我們在公司工作時，每天總是以「公司能給我些什麼好處？」作為出發點，那麼我們是很容易被別人取代的，其後果就是——失業。

創造自我優勢，為公司提供物超所值的價值和服務

要想讓自己不被別人替代，我們應該為公司提供物超所值的價值和服務。必須經常反思：「我還能為公司做什麼呢？」這樣我們就會自動自發去工作，而不是被動的只是完成工作，如此反而會為自己帶來更高的工作效率和更愉快的工作環境。

「不要問公司能為你做些什麼，應該問你能為公司做什麼。」我們會發現，給予他人的越多，我們自己獲得的也就越多，成長也會越來越快速，機會也自然而然增多。

李嘉誠嘉言錄

李嘉誠，創立香港最大的企業集團長江集團，跨足了房地產、能源業、網路業、電信業，甚至是媒體。是亞洲首富，總資產值高達265億美元。

華人界頗孚眾望，令人敬佩的李嘉誠先生，是融智、仁於一身的儒商，為古今少有的人物。最初，他靠著辛勞和勤奮，辛苦工作和不斷地勤奮學習；之後，靠著仁、智、儉、穩健的觀念與思路，使他的事業從建設到成長，再發展，繼而壯大起來，成為偉業。

現在，我們來看看李嘉誠的智慧：

★與朋友相交時，要誠實可靠，避免說大話。要說到做到，不放空炮彈，做不到的寧可不說。

★要相信世界上每一個人都精明，要令人信服並喜歡和你交往，那才最重要。

★即使以100%的力量就足以成事，但我要儲足200%的力量去攻，而不是隨便去賭一賭。

★知人善任，大多數人都會有部分的長處，部分的短處，各盡所能，各得所需，依才而用為原則。

★做人最要緊的，是讓人由衷地喜歡你，敬佩你，而不是你的財力，也不是表面上的服從。

★決定一件事時，事先須小心謹慎研究清楚，當決定後，就勇往直前去做。

★在劇烈的競爭中多付出一點，便可多贏一點。就像參加奧運會一樣，你看一、二、三名，跑第一的往往只是快了那麼一點點。

★人生自有其沉浮，每個人都應該學會忍受生活中屬於自己的一份悲傷，只有這樣，你才能體會到什麼叫做成功，什麼叫做真正的幸福。

★苦難的生活，是我人生的最好鍛鍊，尤其是做推銷員，使我學會了不少東西，明白了不少事理。所有這些，是我今天以十億、一百億也買不到的。

案例

一枚硬幣的故事

　　有一次在拿取汽車鑰匙時，李嘉誠不慎丟掉了一枚兩元硬幣，硬幣滾到了車底下，當時他估計若車發動開走硬幣會掉到水溝裡。李嘉誠急忙蹲下要去取，旁邊的印度籍值班人員看到，立即代他拾起。李嘉誠收回硬幣後，竟給了一百元酬謝。李嘉誠對此解釋是：若我不找回這兩元，讓它滾到溝渠，這兩元便會在世上消失，而給值班人一百元，他一定會將之用去。我覺得錢可以花掉，但不可以浪費。

六、辦公室惡習與善習

(一)辦公室惡習（千萬別有的惡習！）

◆經常遲到早退、請假

　　上班或開會經常遲到嗎？遲到是造成老闆和同事反感的種子，它傳達出的資訊是：你是一個只顧自己、缺乏合作精神的人。

◆拖延

　　雖然你最終完成了工作，但拖延使你顯得不能勝任。為什麼會產生延誤呢？如果是因為缺少興趣，你就應該考慮一下你的擇業；如果是因為過度追求盡善盡美，這毫無疑問會增加你在工作中的延誤。社會心理學專家說：「很多愛拖延的人都很害怕冒險和出錯，對失敗的

恐懼使他們無從開始動手。」

◆怨天尤人

「失敗的人找藉口，成功的人找方法。」不斷找藉口幾乎是失敗者共同的標籤。一個想要成功的人在遇到挫折時，應該冷靜地對待自己所面臨的問題，分析失敗的原因，進而找到解決問題的方法。

失敗的人找藉口，成功的人找方法

◆一味取悅他人

一個真正稱職的員工應該對工作所發生的問題，向上級說明並提出建議的解決辦法，而不應該只是附和上級的決定。對於管理者，應該有嚴明的獎懲方式，而不應該做「好好先生」或是「Yes man」，這樣做雖然暫時取悅了少數人，卻會失去大多數人的支持。

◆傳播流言

每個人都可能會被別人評論，也會去評論他人，但如果津津樂道的是關於某人的流言蜚語，這種議論最好停止。世上沒有不透風的牆，你今天傳播的流言，早晚會被當事人知道，又何必去搬石頭砸自己的腳？所以，流言止於智者。

◆隨意責備他人

每個人在工作中都可能有失誤。當工作中出現問題時，應該協助去解決，而不應該一味責備。特別是在自己無法做到的情況下，讓自己的下屬或別人去達到這些要求，很容易使人產生反感。長此以往，這種人在公司將沒有任何威信可言，也不會有任何友誼。

◆出爾反爾

已經確定的事情卻經常變更，就會讓其他同事無從著手。做出的承諾，如果無法兌現，會在大家面前失去信用。

◆傲慢無禮

這樣做並不能顯得你高人一等，反而會引起別人的反感。因為，任何人都不會容忍別人瞧不起自己。傲慢無禮的人難以交到好的朋友。人脈就是財脈，年輕時養成這種壞習慣的人很難成功。

(二)辦公室善習

「思想決定行為，行為形成習慣，習慣決定性格，性格決定命運」，好習慣會使成功不期而至。下列好習慣是成功必備的：

◆積極思維的好習慣

當你在實現目標的過程中，面對具體的工作和任務時，你的頭腦裡先去掉「不可能」三個字，而代之以「怎樣才能」時，可以說你就養成了積極思維的習慣了。

◆高效工作的好習慣

一個人成功的欲望再強，也會被不利於成功的習慣所粉碎，而變成平庸一族。所以說「思想決定行為，行為形成習慣，習慣決定性格，性格決定命運」。要想成功，就一定要養

養成高效率的工作習慣

成高效率的工作習慣。確定你的工作習慣是否有效率，是否有利於成功。因此，務必按照自己的既定目標，有計畫地做事，這樣可以提高工作效率，快速實現目標。

◆養成鍛鍊身體的好習慣

要有健康第一的意識，有了這種意識，你就會善待自己的身體、自己的心理，而不會隨意糟蹋自己的身體。要注意掌握一些與健康相關的知識，還要定期去醫院做身體檢查；身體覺得有不適的地方，應及早去醫院檢查。針對特定工作姿勢所可能引發的疾病進行鍛鍊，以防止和治療相應的疾病，更要把鍛鍊當作一種樂趣，養成鍛鍊的習慣。身體鍛鍊，就像努力爭取成功一樣，貴在堅持。

◆不斷學習的好習慣

每一個成功者都是有閱讀習慣的人。世界五百家大企業的CEO至少每個星期要翻閱大概三十份雜誌或圖書資訊，一個月可以翻閱一百多本雜誌，一年要翻閱一千本以上。如果你每天讀十五分鐘，你就有可能在一個月之內讀完一本書，一年就至少讀過十二本書，十年

之後，你會讀過一百二十本書！想想看，每天只需要抽出十五分鐘時間，你就可以輕易地讀完一百二十本書，它可以幫助你在生活的各方面變得更加富有。當然，網路上的資料也是非常實用的書，所以這裡所說的書是指資料。

◆謙虛的好習慣

一個人沒有理由不謙虛。相對於整體的人類的知識來講，任何所謂博學者都是不及格的。謙虛不僅是一種美德，更是一種人生的智慧，是一種透過貶低自己來保護自己的方式。

◆自制的好習慣

任何一個成功者都有著非凡的自制力。現代社會，人們面臨的誘惑越來越多，如果人們缺乏自制力，就會被誘惑牽著鼻子走，偏離成功的軌道。

◆幽默的好習慣

有人說，男人需要幽默，就像女人需要漂亮的臉蛋一樣重要。沒有幽默的男人不一定就差，但懂得幽默的男人一定是一個優秀的人，懂得幽默的女人更是珍稀動物。

◆微笑的好習慣

微笑是大度、從容的表現，也是人際交往的通行證。在歐美先進國家，人們見面都會點頭微笑，即使是第一次見面的陌

養成微笑的好習慣

生人，讓人們相互之間感到很溫暖。向西方先進國家的人學習，讓我們互相微笑吧！

◆敬業樂業的好習慣

　　從古至今，敬業是所有成功人士最重要的品質之一。敬業是對渴望成功的人對待工作的基本要求，一個不敬業的人很難在他所從事的工作中做出成績。

案例

嚴長壽：任何用到我的老闆，都是他們的福氣！

　　嚴長壽（1947年出生），出生於上海，祖籍浙江杭州，基隆高中畢業，是台灣飯店業的專業經理人。

　　一歲時，跟隨家人到台灣。自軍中退伍後，一度面臨找不到合適的工作。二十三歲，經朋友介紹，進入美國運通擔任傳達小弟，從此對服務業的觀感有了自身的體會。二十八歲因服務態度出眾，內升為美國運通台灣區總經理。三十二歲應美國運通辦公室房東周志榮先生之邀跨入飯店觀光業，成為亞都麗緻飯店總裁。

　　從未上過大學，只有基隆高中學歷的嚴長壽，自認是個非常平凡的人，但是多次在公司場合表示：很早就找到人生的方向，而且認識自己，用心學習是他之所以能有如此成就的主要原因。由於嚴氏從基層做起，對每一階層的酸甜苦辣點滴在心，也因此尤重第一線服務人員的心理建設，並強調與自己溝通的重要。靠著自身不斷的努力與用不完的熱忱，從小弟當上總裁，並鼓舞了許多年輕人積極奮發向上，至今謂為佳話。

◆「早到遲退」的習慣

　　亞都麗緻飯店總裁嚴長壽先生，在他還是外商公司的送件生時，就很注重外表的服飾，總是穿著襯衫和西裝褲，穿著得很專業，上班也總是早到遲退。他敬業的工作態度和尊重這份工作的表現，讓他獲得伯樂的賞識，短短數年就晉升到總經理的地位。

◆儘量避免被貼標籤

　　有些公司或是企業內部會有所謂派系，有些是因部門不同而產生的，有些則是因為高階主管不合或是嫌隙而生。前者還好，後者則會影響一個人，尤其是新人的發展甚至生存，不可不慎。

案例

　　有一個條件相當出色的年輕人剛剛被錄取進入一家頗有規模的企業，上班的第一天就蒙副總經理召見，除嘉勉鼓勵外，並告知：只要跟著我好好做，將來一定受公司重用。年輕人頓感知遇之恩，心中充滿感激，工作自然十分賣力。但是不到三個月的時間，突然接到人事命令：被解僱了。原因很簡單：不適任。

　　他反覆思索自認盡心盡力，也從沒犯什麼錯誤，不知為何致此？經過打聽後方才得知：跟錯了人。自己已經成為辦公室政治競爭下的犧牲品。

　　所以，在沒有弄清楚情形前，務必避免被貼標籤，就算將來必須選邊站，也要選比較有實力的一邊，這就是辦公室政治的現實。

Note...

第三章

與同事及上司相處之道

- 察言觀色
- 與主管相處之道
- 注意身邊的貴人
- 保持低調
- 同事相處基本原則

　　本章主要闡明職場的基本倫理中有關人倫的部分，也就是個人與身邊同事，包括同事、自己的頂頭上司、部門主管以至於總經理等高階主管相處的規則與道理。有些事不該做、有些話不該說；反之亦然。我們將探討如何注意身邊的貴人並加入自己的人脈存摺？如何察言觀色讓人際關係更融洽？

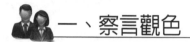

一、察言觀色

新人生存法則

　　新人一切以保守為佳，包括服裝、態度、待人接物等。

　　職場新人的生存環境通常都不太好，往往都是辦公室裡受打壓、排擠、邊緣化的人，所以作為辦公室內的新人，特別是唯一的新人時，必須要掌握必要的新人生存法，才有可能迅速地融入組織。

　　辦公室的新人都面臨著相同的課題，就是如何儘早將身上新人的標籤給撕去，儘快地被新的團體所承認，找到屬於自己的位置。只有確定自己在辦公室中的地位，言行舉止才得以相應的發揮。對新人來說，首先就是要努力不被邊緣化，因為一旦邊緣化，基本上也只有認命或是跳槽的命了。

　　新人在辦公室裡首要的是少說、多做、多學習、多觀察。少說是很重要的，在一個團體中說話者通常是居核心領導地位的，若有人喋喋不休、誇誇其談是很容易招惹別人厭惡的，特別是剛由學校畢業的新人。

　　辦公室畢竟是工作的場所，工作能力還是第一的，在一個組織中的地位，80%以上是要靠工作成績、工作能力來決定的，所以務必盡

心盡力做好上司交辦的每一件工作，無論大小。

此外，要掌握基本的禮節，比方說早上和同事見面要主動打招呼，下班時說再見；向別人求助要說請，得到別人幫助時要說謝謝；服裝不要

新人須懂得察言觀色，才能在團體裡找到屬於自己的位置

太另類，特別是女生，穿著打扮還是不要太前衛，新人一切以保守為佳。辦公室若有團體的活動，作為新人這是展示自己的絕佳機會，也是搞外交的最佳時機，千萬不要拒絕參加，要想成為團體中的一員，就不能不參加團體的活動，哪怕是要自掏腰包，千萬不要表現得太孤僻。

二、與主管相處之道

> 人生是不公平的，習慣去接受它吧！
>
> ——比爾·蓋茲

每一個員工都想得到老闆的賞識和重用，但很多因素使你的理想很難實現。如何與老闆相處既是一種人際關係的藝術，也是一種自我心理調整的藝術。

(一)接受與老闆事實上的不平等狀態

在企業中，老闆與員工事實上是處於一種不平等的地位。比爾‧蓋茲曾說：「人生是不公平的，習慣去接受它吧！」在企業中的不同地位就是一種不公平。在企業裡，老闆對員工，擁有恩威並濟的賞罰籌碼；員工對老闆，除了離開，沒有什麼藉以牽制的籌碼，因此只能找方法求生存。公司裡的生存法則：只有功勞，沒有苦勞，只以成敗論英雄！

案例

美國軍隊中規定：軍人不能蓄長髮。而黑格將軍在擔任北約部隊的總司令時，卻蓄著一頭長髮。一名留長髮的士兵看到畫報上登載了一頭長髮的黑格將軍的照片，就趕忙將其剪下來，貼在不允許他留長髮的連長的辦公室門上。為了表示抗議，這名士兵還畫了一個箭頭，並在旁邊配了一行小字：「請看他的頭髮！」連長看了這份別出心裁的抗議書後，並沒有立即把這個憤憤不平的士兵叫來訓斥，而是將那個箭頭延長到總司令的領章處，也加了一行小字：「請看看他的軍階！」

(二)把主管當作第一顧客：得主管者得舞台

無論我們從事什麼職業，都要把它看作是自己的事業，把自己看作是一家公司，而自己就是這家公司的經營者。

公司的盈利源自於爲顧客創造價值，盈利的大小取決於你爲顧客創造價值的大小。作爲職員，主管就是你的顧客，而且是最大的客戶，因爲他在花錢購買你的服務。從這個角度來說，主管無疑是你的第一

把主管當作第一顧客：得主管者得舞台

大客戶，你也應該把主管當作第一顧客。如果你把主管當成第一顧客，那麼你就要學會推銷自己，同時想辦法增加自身的價值。把主管當作第一顧客，是以一種積極的態度來看待自己與主管的關係。如果按照「顧客是上帝」的行銷理論，你就不會責怪主管的嚴責和挑剔了。切記：得主管者得舞台。

案例

神燈的故事

一個業務經理、一個業務員和他們的主管去午餐時，突然發現了一盞古代神燈。

他們馬上興奮地猛擦油燈，沒多久一個精靈由燈中跳了出來。

精靈說：「我能滿足你們每人一個願望。」

「我先！我先！」業務員說，「我想去夏威夷群島，開著敞篷車，與世隔絕。」

「咻」的一聲，精靈飛走了。

「該我了！該我了！」業務經理說，「我想去牙買加，躺在沙灘上，有美麗的比基尼女郎幫我按摩，免費無限的冰鎮果汁、蘭姆酒⋯⋯」

「咻」的一聲，精靈又飛走了。

「OK，現在該你了！」精靈對主管說。

主管：「我只想要那兩個笨蛋午餐後馬上回來工作！」

故事寓言：永遠讓你的主管先開口。

其次就是永遠不要得罪主管，尤其是有他人在場時，如此會讓主管感到尷尬與憤怒，以後有可能會對你吹毛求疵，甚至沒事找碴。因此所有的建議或是解釋，務以必委婉禮貌的方式為之，態度尤其重要。

案例

一位女性職員甫自某名校外文系畢業，在草擬一份寫給客戶的商業書信後請主管批示，主管的英文較差，但是卻喜歡修改他人的文章，因此一份文詞並茂的漂亮書信被他改得面目全非，辭不達意。女職員非常不滿這些錯誤，一方面向其他職員不斷抱怨，一方面又把文章改了回來再發給客戶。該名主管看在眼裡後雖未多言，但是沒多久用了一個很小的理由迫使該職員離職了。

求人不如求己——雨中觀音

　　某人在屋簷下躲雨，看見觀音正撐傘走過，便請求道：「觀音菩薩，普渡一下眾生吧，帶我一段如何？」

　　觀音說：「我在雨裡，你在簷下，而簷下無雨，你不需要我渡。」

　　這人立刻跳出簷下，站在雨中：「現在我也在雨中了，該渡我了吧？」

　　觀音說：「你在雨中，我也在雨中，我不被淋，因為有傘；你被雨淋，因為無傘。所以不是我渡自己，而是傘渡我。你要想渡，不必找我，請自找傘去！說完便走了。」

　　第二天，這人遇到了難事，便去寺廟裡求觀音。走進廟裡，才發現觀音像前也有一個人在拜，那個人長得和觀音一模一樣，絲毫不差。

　　這人問：「你是觀音嗎？」

　　那人答道：「正是觀音。」

　　這人又問：「那你為何還拜自己？」

　　觀音笑道：「我也遇到了難事，但我知道，求人不如求己。」

　　別人可以替你開車，但不能替你走路；可以替你做事，但不能替你感受。人生的路要靠自己行走，成功要靠自己去爭取。天助自助者，成功者則自己救自己。這個世界上，唯有你才是你自己的救世主。

(三)員工要根據能力為自己定位

　　某些員工羨慕主管的位置，他們只看到了主管成功的結果，而沒有看到成功的過程：那種經歷了無數艱難困苦和在煎熬歷練中逐步增

長能力的漫長過程，而過程是不能省略的。記住，不是任何事情都可以避繁就簡的，尤其是提高能力的過程。要學會在過程中提高能力，並根據能力為自己定位。身處高位，要有相應的資格和能力。

案例

兔子對悠然自得地坐在樹上的烏鴉說：「我可以像你一樣整天坐著，並且什麼事也不幹嗎？」

烏鴉回答說：「當然，有什麼不可以呢？」

兔子信以為真，也悠然自得地坐在樹下。突然，一隻老虎出現了，撲到毫無防備的兔子身上，並且把他吃掉了。

故事寓言：確定自己的位置，要得到什麼樣的回報，就會付出相應的代價。

三、注意身邊的貴人

想抓住貴人，要先能識別出貴人。

貴人相助是人生極大幸運，連算命先生在發售各式幸運籤時，都拿「命中有貴人」當成金牌丹藥。而職場新人抓住身邊的貴人，是職業發展的竅門之一。

在美國曾經發生一件事，有一名華裔的科技公司職員，在公司任職數年可是一職未能升遷，於是他苦思讓高階主管知道他辛勤工作的辦法。有一天機會來了，他趁高階主管至其部門開會時，利用休息的機會刻意與他在洗手間相遇。很自然的主管一定會問問他最近的工作

情況如何？他回答最近新的計畫案（Project）遇到一些障礙，正在努力解決中，已經有兩個週末都在加班趕進度了。主管聞言當然勗勉有加。過了一陣子主管又來開會，和上次一樣，兩人又在洗手間不期而遇，主管問起那個Project進展如何了？回答是：經過幾週的努力後，一切問題都解決了，而且還趕上了Deadline（截止日期）。主管說：Good job! Keep on going! 當然，日後該職員的升遷得到了相當的助益。

　　雖然我們要注意身邊的貴人，但是切記不要為了表現而鋒芒太露。剛剛進入職場的年輕人往往為了求表現而讓他人感到狂妄自大，樹敵處處而不自知，究其原因就是因為在語言表達上、行為舉止上鋒芒太露，影響到他人。所謂「功高震主」，這是為官的大忌，歷史上常有犯此大忌者落得身首異處之結局。在現在的說法就是避免太露頭角、太露鋒芒。所謂「謙受益，滿招損」，說的就是這個道理。

　　當然，要表現是可以的，但是要有技巧。只要一有表現才能的機會，就必須把握住這個機會，並做出好成績來，他人自然就會知道你、讚賞你。這種表現本領的機會不怕沒有，只怕把握不住，或是做出的成績不能令人特別滿意。

被人忌妒怎麼辦？

　　被忌妒者該如何保護自己呢？當優秀的人遇到來自周圍的流言、詆毀和排擠時該如何應對呢？首先，你要把被人忌妒、被人孤立看成是成功的必然經歷，你若一無是處，豈會有人忌妒？所謂「不遭人忌是庸才」，當我們發現別人在忌妒自己時，一方面應當高興，因為這證明自己很出色；另一方面，更加努力提高自己的水準。你只比別人強一點時，別人忌妒你；當你比別人強很多，讓人望塵莫及時，眾人只能佩服你。在心理上高姿態的同時，切記仍須保持謙遜的態度及舉止，以免進一步去刺激其他人。

四、保持低調

一個人最要緊的，是要有勤勞、虛心和節儉的美德。

—— 富蘭克林（Benjamin Franklin），
美國科學家、文學家、外交家

「言語謙和好處世，行為低調好做人。」保持低調就是一種自我約束意識，不突顯自己，不鋒芒畢露，為人和善，與人無爭。行為低調就是要以一種謙虛和合作的態度與人打交道，談生意也是一樣。

案例

富蘭克林也是低調做人的典範。他在自傳中說：我立下一條規矩，絕不當面反對別人的意思，也不讓自己過於武斷。我甚至不准自己表達文字上或語言上過分肯定的意見。我絕不用「當然」、「無疑」這類詞，而是用「我想」、「我假設」或「我想像」。

當有人向我陳述一件我並不以為然的事情時，我絕不立刻駁斥他，或立即指出他的錯誤，我會在回答的時候表示，在某些條件和情況下他的意見的確沒有錯，但依目前的情形來看好像稍有不同。我很快就看見了收穫。凡是我參與的談話，氣氛變得融洽多了。我以謙虛的態度表達自己的意見，不但容易被人接受，衝突也減少了。

我最初這麼做時確實感到困難，但久而久之就養成了習慣，也許，五十年來，沒有人再聽到我講過太武斷的話。這種習慣使我提交的新法案能夠得到同胞的重視。儘管我不善於辭令，更談不上雄辯，遣詞用字也很遲鈍，有時還會說錯話，但一般來說，我的意見還是得到了廣泛的支持。

其實，富蘭克林在這裡並沒有提出什麼新的觀念，這只不過是他人格成熟的表現：寬容和低調。能謙虛就能有成就：領導身居高位，如果以謙虛待人，以禮敬人，就會得到人才，得到擁護。

何謂低調？在現實生活中，確實有一些人能夠低調處世。一些成功的企業家，不願接受媒體的採訪，謝絕他人為他寫自傳，而是腳踏實地、不事張揚地實施新的計畫，爭取更大的成功；一些文學家不屑於炒作自己的作品，去辦新書發表會，去辦簽名會，他們不願做文藝明星，而是埋頭寫新的作品，努力在創作上超越自我；一些科學家，不因取得了顯著的成就而自滿自誇，到處宣傳，而是為完成新的科學專案研究，一如既往地在實驗室裡奮鬥……。低調處世，使他們得以避免外界的干擾，專心於自己的事業，從而取得更大的成就，同時更加受到世人的敬重。

然而，低調處世，既需要智慧與理性，也需要寬廣的胸襟和遠大的志向，因此並非誰都能做得到，因僥倖的成功、走了大運便忘乎所以，不知自己是誰者大有人在。

西塞羅有言：「當我們走運事事如願時，切不可忘乎所以，盛氣凌人。」因為成功時趾高氣揚與遭厄運時悲觀喪氣，都是一種淺薄和脆弱的表現。而在任何情況下都保持一種平靜的心情、一樣的態度和同樣的面孔，則是一件好事。後面的一句話，與我們今天所說的低調處世，意思大致相同，看來這位哲人兩千多年前說的話，對於今天的人而言，仍然是很好的忠告。

(一)不要鋒芒畢露：「滿招損，謙受益」

孔子在魯桓公的廟裡參觀，看見一種傾斜而不易放平的容器，他問守廟人那是什麼，守廟人說：「這大概是人君放在座位右邊的一種器具。」孔子說：「我聽說這種器具，空著的時候就傾斜，灌進一半水就正立著，灌滿了就會翻倒。」孔子讓弟子舀水灌進容器，果然

如此。孔子喟然長嘆：「唉！哪有滿了不翻倒的呢？」

年經人初入職場，除了不要鋒芒太露以外，還要注意另一點——不要鋒芒畢露。

所謂鋒芒太露是說太出風頭、太爭強好勝、太喜歡表現，這當然是不好的；而所謂鋒芒畢露則是說，不論你是不是喜歡出風頭、求表現，你已經

力求表現的同時，切勿鋒芒畢露

在極短時間內把所有的能耐都表現出來了，壓箱寶都沒了，這也是不好的，因為人家很容易發現原來你就這麼一點本事，從此就會瞧不起你，你就很難有所升遷與發展了。

和不要鋒芒太露一樣，這也會陷入一個兩難的局面，初入職場當然應該力求表現，而力求表現到最後，肯定會把所有的能力都展現出來，一定會鋒芒畢露，因此又如何能不要鋒芒畢露卻能充分展現自己的實力呢？

(二)如何避免鋒芒畢露？

這當然是有辦法的，以下就分三個方面來分析：

◆不要把所有的能耐一下子全部表現出來

應該順其自然地、逐漸地展現你的實力，而不是急於一時之間、一次就把所有的實力都展現出來。因為你若急於一時之間就展現所有

的實力，人家會覺得你是刻意在作秀，就不會真正去認識你的專長，結果你白白的展現，完全無效。

反之，若能順其自然，不刻意、更不急於一時之間就完全展露自己（不要鋒芒畢露），逐漸展現自己的能耐，每一次都令人刮目相看，才會讓人印象深刻，才能真正為自己贏得未來。

若是不得已，必須把所有的能耐都展現出來，也要保持低調。即使有時候真的因為一入職場就遇到重大事件，被賦予重任，所以不得不一次就鋒芒畢露，把看家本領都展露無遺，那也必須刻意保持低調，儘量讓別人不要注意到你，這樣下次你還是可以讓人驚豔。換句話說，如果你不得不鋒芒畢露時，也千萬不要想趁機大出風頭、表現一番。剛好相反的，當你被迫鋒芒畢露時，反而要刻意低調。

◆老二哲學

在職場最不容易學習，卻也是最重要的哲學就是「老二哲學」，從古迄今不管任何成功的人，都是因為自己很成功的「老二哲學」，才可以能讓自己不為他人所忌妒而成為假想敵，持續的生存下去，最終成為該領域最後的成功者。

案例

多年前有一位優秀的年輕人甫入一家大型企業，其能力與績效的表現都是極佳，三個月之內業績就已經是部門第一名了，遠高於其他資深人員的表現，當然，大主管很欣賞他，也跟其他主管誇獎這位部屬的表現，甚至在週會時當眾鼓掌表揚他。不過，最終還是被直屬上司請走了，原因就是他的表現「功高震主」，讓主管及其他職員感到「芒刺在背」，無法忍受，最後只能痛下殺手。

◆不斷學習與成長

更重要的是要不斷學習與成長，這才是最根本之道。年輕人初入職場，最好的進步方法就是繼續不斷地保持學習與成長，這也是為什麼終身學習的觀念如今會成為主流的原因。

五、同事相處基本原則

同事關係好本是好事，但是切記同事之間不應太過親密。同事就是同事，不是朋友。若是交朋友，除了志趣相投外，忠誠的品格是最重要的，彼此信任、忠實是雙方的責任。同事就不同了，一般來說，如果不是自己創業，又不想弄丟飯碗，你是不可能選擇同事的，除非你在人事部門工作。

同事是與自己一起工作的人，與同事相處得如何，直接關係到自己的工作、事業的進步與發展。如果同事之間關係融洽、和諧，會感到心情愉快，有利於工作的順利進行，從而促進企業的發展，反之，同事關係不佳，相互排斥，經常發生摩擦，就會影響正常的工作和生活，甚至阻礙企業的正常發展。

與同事相處的藝術

即使你不加班，一天至少也有八個小時和同事在一起，隨之問題便產生了：與家人是親情，與朋友是友情，與戀人是愛情，但與同事之間的關係卻十分複雜，究竟該如何處理此種關係呢？以下便教你幾招：

◆平等

同事之間一律平等待之，不管你是職高一等的老手還是新進入行的新手，都應絕對摒棄不平等的關係，心存自大或心存自卑都是同事間相處的大忌。

◆和諧

和諧的同事關係對你的工作不無裨益，不妨將同事看作工作上的夥伴、生活中的朋友，千萬別在辦公室裡板著一張臉，讓人們覺得你自命清高，不屑於和大家共處。

和諧的同事關係有利於工作的順利進行

◆互相協助

在辦公室裡人人都應友好相處，特別是對同性更應如此。因為每個人來公司上班均是為了生活賺口飯吃，大家同在一個屋簷下為了一個共同的目標，感受同一種壓力，工作中環環相扣，誰也少不了誰，因此如果可以以一顆同理心來看待同事的話，關係將很單純，容易處理。

◆真誠

真誠不是寫在臉上的，而是發自內心的，偽裝出來的真誠比真正的欺騙更令人討厭。「愛人者，人恆愛之；敬人者，人恆敬之」，應該注意的是要不怕吃虧、不要急於獲得回報和不要怕付出太多。

◆自在的氣氛

在同事相處的過程中，如果要使別人從內心深處接納我們，就必須保證別人在與我們相處時能夠實現對情緒的自我控制。也就是說，要讓別人在一個平等、自由的氣氛中與我們進行交往。

◆以和為貴

同事作為你工作中的夥伴，難免有利益上或其他方面的衝突，處理這些衝突的時候，第一個想到的應該是和解。畢竟，同處一個屋簷下，抬頭不見低頭見，如果讓任何一個人破壞了你的心情，相當不值得。與同事和睦相處，在上司眼中，你的分量將會更上一層，因為人際關係的和諧不僅僅是一種生存的需要，更是工作上、生活上的需要。

◆君子之交淡如水

和諧的同事關係，讓你和周圍同事的工作變得更簡單、更有效率。要想擁有和諧的同事關係，首先就是「君子之交淡如水」。大家在同一個公司裡工作，個人的交情定是大不相同，遠近親疏自然是存在的。問題的關鍵就在於應該如何處理這遠近親疏的關係，我們要做的就是控制好與同事之間的關係。無論你與同事的關係是親還是疏，這都是你們私人之間的關係，而這種關係更是工作以外的關係，不應該對你們的工作產生任何的影響。應該控制好遠近親疏的程度，最好的辦法莫過於「君子之交淡如水」。

◆尊重所有同事：沒有尊重就沒有友誼！

在人際交往中，自己待人的態度往往決定了別人對自己的態度，因此，你若想獲取他人的好感和尊重，首先必須尊重他人。愛面子的確是人們的一大共通性，在工作上，很可能不經意間說出令同事尷尬的話，表面上他也許只是有些過意不去，但其心裡可能已受到嚴重的

傷害，對方也許就會因感到自尊受到了傷害而拒絕與你交往，因此辦公室內的言詞應對務必十分小心。謹記：沒有尊重就沒有友誼。所以相互尊重是處理好任何一種人際關係的基礎，同事關係也不例外，處理好同事之間的關係，最重要的是尊重對方。

◆保守同事的祕密

怎樣才能避免洩漏他人的祕密呢？最好的辦法，就是聽過了別人的事情就乾脆吞到肚子裡面。總之一句話，就是不能讓嘴巴給自己惹禍。古人說：「禍從口出」，在公司這種小圈子裡，這句話應該被每一個人寫在自己的辦公桌上，時刻警惕自己。

◆避免產生衝突

同事與你在一個單位中工作，幾乎天天見面，彼此之間免不了會有各種各樣的事情發生，各人的性格、脾氣，會引出各種各樣的糾紛、衝突。這種衝突有些是表面的，有些是背地裡的，有些是公開的，有些是隱蔽的。

一般同事之間的不同意見往往都是起源於公事，並不涉及個人的方面，因此隨著時間就會逐漸淡忘。所以，不要因為過去的小事而耿耿於懷。只要你大大方方不把過去的事當一回事，對方應該也會以同樣豁達的態度對待你。

◆儘量化解衝突

同事之間有了衝突並不可怕，只要我們能夠面對現實，積極去化解矛盾，同事之間仍會和好如初，甚至比以前的關係更好。要化解同事之間的矛盾，應該採取主動態度，不妨嘗試著拋開過去的不快，更積極地對待這些人，至少要像對待其他人一樣地對待他們。

◆學會與各類型的同事相處

在公司裡，總有些人是不易打交道的，比如傲慢的人、死板的人、自尊心強的人、能力差的人等等。所以，你必須因人制宜，採取不同的交往應對策略。

◆禮尚往來，金錢往來一清二楚

同事之間可能有相互借錢、借物或饋贈禮品等物質上的往來，但切忌隨便，每一項都應記得清楚明白，即使是小額款項，也應提醒自己及時歸還，以免遺忘引起誤會。向同事借錢、借物，應主動及時歸還。在物質方面，無論是有意或者無意地占對方的便宜，都會引起對方的不快，從而降低自己在對方心目中的人格。

◆不在背後議論同事的隱私

每個人都有隱私，隱私與個人的名譽密切相關，背後議論他人的隱私，會損害他人的名譽，引起雙方關係的緊張甚至惡化，是一種有害的行為。

不在背後議論同事的隱私

◆對同事的困難表示關心

同事有困難，通常會先選擇親朋好友幫助，但作爲同事，應主動關切。對力所能及的事應盡力幫忙，以增進雙方之間的感情，使關係更加融洽。

◆誤會應主動道歉說明

同事之間長期相處，一時的誤會在所難免。如果出現誤會，應主動向對方道歉，取得對方的諒解；對雙方的誤會應主動向對方說明，不可小心眼耿耿於懷。

◆釐清事實

衝突、爭執對問題能否得到合適的解決並沒有幫助，若能相信彼此是可以以成熟理性的態度一起面對問題，釐清事實之眞相，而非一味逃避，才是解決同事間衝突的好方法。

◆記取經驗，創造良好的人際關係

與同事的相處互動，記住其中較好的成功經驗，待往後再度遭逢人際衝突或困難時，都可以回過頭來控制好自己的情緒，如此豐沛的才能與資源將源源不絕地湧現，問題也得以順利解決，讓你在工作上與同事相處愉快，必能將原先視爲阻力的人際衝突化爲個人追求生涯發展的新動力。

Note...

第四章

專業的重要

- 職業倫理
- 何謂專業？
- 如何面對挫折與失敗？
- 魔鬼就在細節裡
- 職場的正確心態

本章主要探討專業的重要，如論從事哪一行業，無論身處哪一企業，專業永遠是極爲重要的。因此我們必須清楚的瞭解職業倫理與專業倫理，懂得如何面對挫折與失敗。當然，奉行「魔鬼就在細節裡」，擁有職場的正確心態也是重要一環。

一、職業倫理

所謂「職業倫理」，包括「工作態度」（Work Attitude）及「專業倫理」（Professional Ethics）兩部分，這也是我國傳統倫理道德中，如與人相處時之美德「五常」：仁、義、禮、智、信，或是強調待人接物之溫、良、恭、儉、讓等，較欠缺的一部分。而在現代的工商社會，職業倫理更是格外重要。

(一)工作態度

什麼是工作態度？工作態度是對你所擔任工作的認眞程度、責任感、努力的程度等之綜合態度。人們的態度在很大程度上受到價值觀的影響，工作態度是指個人在工作時對工作積極參與或應付完成、消極以對的心理與作爲。

工作態度是人們對於工作各個方面內心的想法以及外在之表現，對工作的認識

工作態度與工作表現直接相關

和瞭解，工作的積極性與工作態度是否良好密切有關。

　　良好的工作態度可以促進積極學習、提高為工作之犧牲與付出、提升溝通與協調力等，當然這些也都會直接關係到工作表現之成績。

　　簡言之，工作態度就是一名職員對於自己工作認真的態度，如基本的不遲到、不早退、不卸責、不推諉、不假公濟私，當然，準時甚至提早完成工作、工作結果正確無誤、替公司創造更大的效益或是利益等，則又屬於工作態度評價上更高的層次。工作態度在下一章將有更詳細之解說與介紹。

(二)專業倫理

　　每種行業都有必須遵守的行為規範。在歐美國家，各行各業都有嚴謹的「專業倫理規範」（Professional Ethic Code），例如醫藥倫理、工程倫理、律師倫理等等。而且各專業公會都有專門部門制定規範，制裁違反職業道德之人員，嚴重的話有可能吊銷執照。

　　最常見的專業倫理應包括環境保護、智慧財產權及工業安全等，這些專業倫理是每一位專業人士應該遵守的規範，以避免損害他人或危害社會。每位專業人員都應秉持良知，用個人的專業知識去防止這些危害社會的事情發生。

　　從專業倫理的角度來看，行為可分為「一般道德標準」及「高道德標準」。簡單的說，「可被取代性」越低的行業，專業度越高。「專業人員」是社會中享有特權的職業。這裡的特權，指的是社會所給予他們的訓練與肯定（如執照），當然這其中一定有個人的資質及努力，但是若無社會的認定，他們也無從成為「專業」。專業人員有較高的社會責任，當然他們的專業倫理要求也是超高的。

　　除了「各種組織」之外，還有由同一行業之從業人員所組成的職業團體或專業團體。為了維繫組織內之社會秩序，不論是企業或其

他類型的社會組織，都會制訂出內部的「管理規則」。同樣的，為了維繫同業間的社會秩序，職業團體或專業團體也應當訂有「倫理準則」，用以規約從業人員的執業行為。

對於社會秩序的維持，訂有「倫理準則」的職業或專業團體，其禁制力量遠比抽象的國家法律要大得多。同業社群代表了一種「社會」的力量，個人和自己的同業社群，必然有某種程度的人際往來。倘若他所屬的同業社群訂有明確的「倫理準則」，這種「倫理準則」便可能成為同業社群的「集體良心」（Collective Conscience），來約束個人的逾矩行動。如果他違背了同業社群共同信守的倫理準則，就會感受到同業的強大壓力，甚至此後難以立足於同業之間。

二、何謂專業？

幾乎所有的專家都會建議我們積極建立自己的人脈存摺（Social Account Book），其中一定會把專業人士列為優先考慮的人脈，那麼，什麼是「專業」呢？

(一)專業化vs.職業化

「先有專業化，才會達到職業化。」專業化與職業化雖然已成為人們隨口道出的時髦口頭禪，但像其他風行一時的管理用語一樣，又大都不求甚解。究竟達到什麼樣的標準和表現形式才算是專業化？

專業化就是透過分工，將類型相近的工作統一由具備專門知識技能的人才來完成的過程，讓普通的非專業性群體逐漸符合專業標準，成為專業性職業從業者，並獲得相應專業地位，那麼專業性人才就完成了向職業化的轉換。一大批專業化、職業化人才的出現是一個行業走向成熟的重要標誌。

專業化是職業化的前提，職業化的人才首先必須是專業化的人才。專業化並不等同於職業化，一個人如果僅僅具備從事某項職業所必需的知識技能，只能稱之爲專業化人才，只有當他同時具備相應的職業道德，並將該職業作爲長期的職業生涯來追求時，才能稱之爲職業化人才。

(二)何謂「專業精神」？

專業精神（**Professional Spirit**）就是在專業技能上發展起來的一種對工作極其熱愛和投入的品質，具有專業精神的人對工作有一種近乎瘋狂的熱愛，他們在工作的時候能夠達到一種忘我的境界。對一個專業工作者而言，工作絕不僅僅是一種職業，而是一項神聖事業。它要求從業者有一種爲之獻身的勇氣和決心，表現出對工作的極其熱愛和投入，把工作視爲天職。基本上來說，專業精神是：

專業精神是一種專注與敬業的精神

◆專注與敬業的精神

對於具有專業主義精神的人來說，專業精神就是精益求精、孜孜不倦，將其專業技能不斷地提高。在當今生存和競爭壓力日趨加重下，如何才能勝出？只有專業精神才是現代社會最基本的處事之道。儘管你可能並不是天才，但透過專注於某一領域，對專業鑽研透徹，完全可以使自己成為專才，成為不可替代的人才。

◆不斷創新、追求卓越的精神

對自己所從事的工作有著精深的學習與孜孜不倦的研究；在各方面精益求精；在原有知識基礎上不斷地學習與創新，充滿創造力，超越一般的技術水準；執著地追求顧客的滿意度，並且透過自身努力、持續創新成為某方面的專家，超越一般的專業水準，形成每個人的核心競爭力與絕對的優勢。

◆發揮團隊精神

專業人才必須靠團隊整體能力有效搭配和整合。分工的細膩化使得隔行如隔山，人與人之間需要分享、相互依存，單單個人是無法成就一切的，只有協作才能實現系統的正常運轉，正如機器是由許許多多的螺絲釘連接和固定，成為一個整

發揮團隊精神能創造出更大的效益

體後才能運轉自如，發揮應有的功能。

◆不斷提高專業技能

要想成為一個公司依賴的專業員工，首先應該不斷提高自己的專業技能。提高專業技能唯一的方法就是不停的學習，並在實際的工作中不斷實踐。決定工作品質的就是員工的職業水準、專業技能，以及對本業的投入程度。

◆工作的態度

以服務業來說，很多人都把服務凌駕於專業技能之上，認為服務好的就是專業技能強的。其實服務就是5%的技術和95%的心理和態度，技術無論怎樣有影響力，也只是一個工具而已。所以絕佳的工作態度也是專業精神的重要表徵。

(三)何謂「現代化專業」？

一般認為能控制情緒，以理性行動，擁有比以往更高超的專業知識、技能和職場道德觀念，始終秉持顧客第一的信念，無止境的好奇心和向上心，加上嚴格遵守紀律，這樣的人才可稱得上專業。

◆顧客第一

這是因為無論是哪一行哪一業，收入都來自於顧客，如果不以顧客的需求為第一，就不能稱之為專業，也因此專業是建立於顧客的評價之上。若能秉持專業態度，無論內外環境發生了什麼樣的變化，都能夠迎刃而解！所以如果客戶的需求有所改變時，一定是因為市場發生了改變，顧客的需求必須符合市場的需求，若是無法達到滿足而失去了市場，也就失去了顧客。專業是現今社會上生存的必要條件。

◆專家 ≠ 專業

「專家」是在做已經知道規則、用電腦就可以完成的工作。

「專業」則是在蠻荒森林中找出路，在沒有路的世界裡觀察、判斷，然後帶領企業找到出路，步向坦途。

輕易將專業掛在嘴邊的結果，反而讓人無法精確掌握它的定義。但是有不少人顯然是誤用了「專業」這個辭彙，因為這種狀況所說的專業指的其實是專家。專業與專家有點類似，卻不盡相同。

(四)專業人才必備的能力

一般認為，專業人才必須具備四種能力：預測力、構想力、溝通力、解決危機的能力。分述如下：

◆未來趨勢的預測力

預測力之所以重要是因為眼前新的商業模式正侵襲舊經濟世界的版圖。但更令人擔憂的是，我們無法用肉眼看出未來的深不可測。這世界儼然誕生了一塊看不見的新大陸。

◆創新構想力

不論是經歷過多少大風大浪的大企業，若是不能迅速改變策略或在創新構思上花時間，恐怕未來都很難存活。尤其是科技如此發達的現代，要有好的創意就必須透過不斷地細心觀察，用心思考，才可能有所成就。必須從眾多的構想中，評估並選擇一些最可能成功的，並抓住時機去執行，才有可能成功。

◆據理力爭的溝通力

「問題之前人人平等」，覺得有任何不對或是不妥的地方，就必須直言不諱，讓持不同立場的雙方找出最好的解決方式。在某些企業會議可不是徒具形式而已，而是一個貨真價實的知識競技場，沒有「以和為貴」這回事。要讓所有人明白沉默非金，所有不符事實與沒有道理的意見、事先協議好的發言以及附和性的消極態度，都會遭到眾人輕蔑；提出相反意見和質疑，反而受到歡迎。這樣的態度才能帶動公司不斷地前進以及預防危機的發生。

◆解決危機的能力

商場即戰場，企業經營同樣包含著許多衝突與矛盾，這是單靠邏輯與經驗無法解決的。要探尋解決的方法，即使是著名企業家一向非常敏銳的直覺與判斷力有時也會失靈。所以如何在危機發生時，以最快的速度及最少的代價解決之，也是專業的重要指標之一。因此對於他人看不到的發展趨勢，或是尚未發生的危機，專業人士必須有觀察力、構想力、分析力和整合力正確解讀，洞燭機先，防患未然，才能幫助公司渡過難關，步上坦途。

專業人才必須具備預測力、構想力、溝通力和解決危機的能力

(五)不斷累積專業知識與專業經驗

◆專業知識

　　法蘭西斯・培根（Francis Bacon）曾言「知識就是力量」（Knowledge is power.），無論是任何行業，任何職務，沒有不強調「專業」兩個字的。所以一個人自工作開始至退休爲止，時時刻刻都必須維持「專業」。一般企業特別注意員工的能力，能力包括專業知識（Knowledge）及技能（Skill），擁有專業知識和技能，才稱得上擁有專業能力。

　　專業知識在人際交往中起著非同一般的作用，可以幫助我們以豐富的專業知識更好地掌握人際關係，讓對方相信自己的技術特長，並且樂於互動溝通，最終達到和實現自己的目標。

　　專業技能則來自於不斷地學習、研究與練習，以提升水準，精益求精。當然要達到這種專業技能絕非一蹴可幾，一定需要經年累月的時間才可以完成。所以，耐心與毅力是不可或缺的。

◆專業經驗

　　有人說：專業經驗的累積其實別無他法，只有不斷地接觸、學習、瞭解，再經過錯誤、失敗、修正，然後才有可能達到一定的水準。

　　經驗不是口頭上說說的，也不是一下子就能學得到的，經驗需要時間。就如同航空公司的機師，必須先要練習飛行幾百個小時，再跟總機師學習飛行幾千個小時，有了十足經驗之後，航空公司才敢錄用爲副駕駛，跟在正駕駛身邊再學習很長的一段時間後，才有機會真正的讓他主導起飛、降落等重要的飛行工作。

　　很多事都是快不得的，就如同登高山無法一步登頂；登上台北101

頂層即使乘坐快速電梯，也需要三分鐘才能到達。既然世事無法快速完成，就不能貪快，否則即可能「欲速則不達」。「登高必自卑，行遠必自邇」，萬事宜循序漸進，不可操之過急，否則效果可能適得其反。一切從頭做起，從自己身邊切近的地方做起，才是不變的道理。

案例

　　某旅行社新進之線控人員，幫一旅行團訂回國之機票時，不瞭解某些國家之機場就算是轉機也是需要該國簽證的，他沒有向主管查詢請教，只是憑著以前的經驗代團體訂位，機位是OK了，但是團體被拒絕入境，原因是：沒有該國簽證，拒絕入境。接到消息後，整個公司立刻雞飛狗跳，到處想辦法求援。最後整團全部訂個人機票，轉由另一個不需要簽證的國家轉機返國，不但行程延誤許多，也另外花費了鉅額金錢。一個小小的忽略，造成公司信譽與金錢巨大的損失，這就是專業經驗不足所造成的。

三、如何面對挫折與失敗？

　　每一次的失敗都會使我們離成功更近一步。

　　「人生不如意事十之八九」，面對失敗這種嚴酷考驗，爬得越高摔得越重的痛苦，讓很多失敗的人就此澈底被擊倒，本來可以東山再起的人，卻因而心灰意冷喪失鬥志，乃至一敗塗地潦倒地度過後半生，實在可惜。萬一面臨嚴重失敗，如何扭轉自己的心境，恢復信心，勇敢面對失敗的挑戰，「逆轉勝」是非常重要的心態。

「天下無難事，只怕有心人。」面對失敗，如果想要反敗為勝的話，信心的恢復是很重要的，如何扭轉自己的心境，恢復信心，勇敢面對失敗的挑戰？勇敢面對大風大浪？

> 天將降大任於斯人也，必先苦其心志，勞其筋骨，餓其體膚，空乏其身，行拂亂其所為，所以動心忍性，增益其所不能。

——孟子

我們時常聽別人自誇：「什麼大風大浪我沒見過？」仔細想想，失敗的嚴酷打擊，不就像大風浪的浪潮嗎？如果你能克服這次的打擊，同時也增強你向困難挑戰的能力與信心，那將來還有什麼問題可以難倒你？

其實，逆境時所呈現的不就是人生真相嗎？不就是上天提供你領悟人生哲理的最佳機會嗎？偉大的哲學家不也都是嘗盡人生的酸甜苦辣才成為哲學家的嗎？唯有身處逆境的人才有機會領悟人生的道理，進而產生智慧。也唯有逆境的激發，可以成為失敗者發憤圖強的養分，用以鍛鍊心志，反敗為勝，邁向成功！

案例

李·艾科卡的故事

艾科卡（Lee Iacocca）是近代美國汽車發展史上的傑出人才。在福特的三十二年裡，艾科卡貢獻良多，其中最令人稱許的，就是在1960年把獵鷹（Falcon）與野馬（Mustang）兩款性能、外觀兼具的車系推上市場。這兩款車系在銷售奇才艾科卡的策劃操盤下，突破以往的設計概念，果然引起風潮，造成福特在競爭激烈的市場大獲全勝。

　　1978年，艾科卡與亨利‧福特（Henry Ford）分道揚鑣後，轉戰當時已經墜入谷底的克萊斯勒。不過，經過艾科卡的努力奮鬥，在短短六年內，便讓克萊斯勒汽車從破產邊緣鹹魚翻身，起死回生，帶領克萊斯勒反敗為勝，一年內創下公司六十年利潤總合！而這段讓人津津樂道的奮鬥史，也寫下艾科卡人生最輝煌的一頁。這段經歷後來彙集成書，書名就叫《反敗為勝》。

　　人生的大起大落，打造了艾科卡永不妥協的堅強個性，也造就了成功的人生。艾科卡說：「即使遭逢困境，仍該奮勇向前；即使世界分崩離析，也不要氣餒。天下沒有白吃的午餐，辛勤工作終必有心得。是這些信仰造就了偉大。」

(一)用嶄新的心態去面對問題

　　解決問題，如果仍沿用舊心態會讓人進退失據，而無法以最正確的方法去解決問題。這時必須先冷靜下來，想像以第三者的角度去分析事情，客觀而超然的思考解決問題的方法，如此將有助於尋找到最佳的方法，順利解決困難。

　　主觀太強、太固執的人非常不利於解決問題。瞭解事理、洞悉人性、發覺事實，到最後明心見性直指問題的核心，由心境的

遭遇挫折須用嶄新的心態去面對

轉換開始，從小處重新出發，將得到眞智慧，任何困難將迎刃而解。

「每一次的失敗都會使我們離成功更近一步」，只要瞭解這一點，你就能更加全面地看待失敗了。只要繼續努力，記下失敗的原因，銘記這次失利只是爲了讓你更加靠近成功。

其實面對失敗也是一種好的經驗，靜下心來從一個更寬廣的視角回想你失敗的過程。這一切都只是一個過程，你必須去面對過程中的種種問題。總有一天當你準備好了，你會發現這些問題的答案。

日本的大企業家松下幸之助有句名言：「在我的人生字典裡，永遠沒有失敗一詞，因為每次失敗就是我彌補某種不足的機會，每失敗一次，就離成功更近了些。」

發明大王愛迪生也說：「我才不會沮喪，因為每一次錯誤的嘗試都會把我往成功又推進一步。」因為當我還不知道什麼才是最後的答案時，至少我已經知道什麼是錯的了。

(二)化被動爲主動

積極的行動能減輕焦慮和其他消極的想法。爲了在競爭激烈的環境中獲勝，必須有堅定的信念和絕不被打敗的決心。時刻提醒自己，你能夠獲勝並且贏得挑戰。

每人每天都會遇到類似的情況，有些人把緊張和壓力看作是自身無法控制的力量，躲避是不可能的，不能避開就得忍受。也有一些人能正確認識到在日常生活中緊張的情境或壓力是不可避免的，重要的是如何面對壓力和作出適當的反應。因為如果反應方式不恰當不僅對健康不利，而且會對工作和生活帶來負面影響。

(三)面對壓力的原則

　　人生不如意事十之八九，每個人在人生旅程中都會面臨許多壓力與挑戰，該以何種心態來面對才能獲得健康人生呢？其實最重要的因素仍然操之在己，只要心念一轉，決定讓自己過得快樂，給自己一個重新再出發的機會，生命就會充滿陽光與希望。只要願意敞開心門，放開眼界，則不管在任何時間、任何地點，都可以保持平靜自在的心境，擁有健康快樂的人生。我們不能輕視生活中的壓力與變化，要及時調整自己的行為以適應變化，這就需要花時間和精力，並且還要勇於承擔責任。其次，要將壓力變為動力，須學會放鬆和控制緊張與壓力，提高應對能力。

　　我們不妨參考下述幾項原則來面對現代生活中的壓力：

◆保持樂觀開朗的人生觀

　　「心不開朗便是苦，心境豁達轉為樂」，樂觀開朗的人，是從挫折中「發現希望」。「命好不如習慣好」、「喜悅、樂觀、正面思考」也是一種習慣，它使人們避免自怨自艾、悲觀自嘆。以樂觀的態度面對問題，讓自己開心快樂。當面對任何問題時，能以樂觀開朗的人生態度去面對，學習「正面思考」，心情一定更愉悅、更快樂。

◆妥善管理自我的情緒（EQ）

　　許多人對自我負面情緒的管理，大多只是「不要胡思亂想」、「不要管他」，或暫時當作問題不存在來面對，但如果不能坦然面對問題的癥結，可能反而讓情況惡化，所以要提早培養掌握情緒的能力，瞭解情緒發生的原因，才能找到對的方法抒發壓力與情緒。

　　能夠自我安慰的人，通常比較不易使自己陷入壓力、苦悶之中，

自然就比較容易走出陰霾而獲得快樂的結局。無法管理情緒就容易發怒，記得要妥慎管理情緒與心境，讓快樂成為決定的主角。只要激發自己正向情緒，逆境將不再是阻礙，反而會是通往快樂的階梯。

正面思考，以樂觀的態度面對問題

所以專家表示，高IQ不等於高EQ，IQ高低亦不足以代表個人成就。高IQ通常有較高職業，但不等於一定有較高成就；成績優異並不保證比較會處理人生問題；高IQ不一定與幸福快樂成正比。下面是一個聽過許多次但是仍然很感動的故事：

案例

柔軟反而是一種強韌

據說廣達電腦董事長林百里先生，早年剛剛創業時，自己就是第一線的推銷員。有一次，他一個人飛往美國行銷，結果在會議室一等就是六小時。好不容易等到客戶，想不到客戶不知何故滿腹怒火，看都不看一眼，直接把電腦摔到地上，場面相當尷尬。林百里不但沒有生氣，還撿起電腦笑著說："It is still working!"您看摔都摔不壞，真是好品質喔！

客戶尷尬之餘略顯虧欠地請他現場展示產品，後來也下了訂單。

受到這樣無理的羞辱，一般人可能會氣到跳腳轉身就走。但林百里不一樣，他選擇柔軟幽默以對，柔軟反而是一種強韌，一種讓人走得更長遠、更具競爭力的態度。據說後來那客戶因為亂發脾氣而心虛，所以下了一張小訂單，而因為品質真的很好，最後訂單也愈來愈大。

◆愉快的生活

無論在家中、工作場所或娛樂時，都應該保持愉快的情緒，熱愛生活、享受生活、熱愛工作、享受工作。畢竟，人生是相當短暫的。

◆有意義的生活

學會設定一些生活中小而容易達成的目標，並努力去實現，先培養信心，同時不斷地修正和樹立新的目標加以追求。不過，目標過於遠大或與自己的能力相去甚遠時，往往會造成心比天高、命比紙薄的悽慘境遇。

◆遇事莫慌亂，要學會放鬆

過分緊張的情緒和焦慮，絕對不利於解決問題，而生活中常常會遇到一些始料未及的事，學會放鬆，調節自己的情緒，保持生活的規律和睡眠的充足，然後再去面對和解決問題。

◆學習改變認知的觀點

在各種壓力模式中，個人對事情的認知觀點是引發情緒與造成壓力的重要因素，所以改變對事情的認知、看法或解釋，是積極因應壓力之道。也就是換一個角度去想，還記得「塞翁失馬」的故事嗎？

案例

塞翁失馬

以前有一個人很會養馬，大家都叫他塞翁。有一天，塞翁的馬從馬廄裡逃走了，越過邊境一路跑進了胡人居住的地方，鄰居們知道這個消息都趕來安慰塞翁不要太難過。不料塞翁一點都不難過，反而笑笑說：我的馬雖然走失了，但這說不定是件好事呢？

過了幾個月，這匹馬自己跑回來了，而且還帶回了一匹胡地的駿馬。鄰居們聽說這個事情之後，又紛紛跑到塞翁家來道賀。塞翁這回反而皺起眉頭對大家說：白白得來這匹駿馬恐怕不是什麼好事啊！

塞翁有個兒子很喜歡騎馬，他有一天就騎著這匹駿馬出外遊玩，結果一不小心從馬背上摔下來跌斷了腿。鄰居們知道後，又趕來塞翁家安慰他，沒想到塞翁淡淡的對大家說：我的兒子雖然摔斷了腿，但是說不定是件好事呢！鄰居每個人都莫名其妙，他們認為塞翁可能是傷心過頭，腦筋糊塗了。

過了不久，胡人大舉入侵，所有的青年男子都被征調去當兵，而大部分的年輕男子都戰死沙場了。塞翁的兒子因為摔斷了腿不用當兵，反而因此保全了性命。

人生中的很多事情，冥冥中自有注定，一件事情是福是禍，往往不是表像可以判定的，凡事順其自然，遇到順心的事不要太得意，遇到沮喪挫折的時候也不要太灰心喪志，應淡然處之，說不定隨時會柳暗花明又一村呢！

◆尋求他人支持

人處逆境時更需朋友、家人的理解與支持，因此，與人交談和傾訴，可以使得壓抑的情感得以宣洩和緩和。英文有句諺語：That is what friends are for! 說的就是朋友的意義。

◆放鬆心情，改變情緒

面對難以承受的壓力時可以尋求他人的支持

閉上雙眼，深吸一口氣，再慢慢地呼出來，在呼氣的同時放鬆，這樣連續進行了三至五分鐘。如果仍未完全消除緊張，可在深吸氣的同時握緊自己的雙拳，在呼氣時慢慢地鬆開握緊的雙拳，這樣連續三至五分鐘。或者靜坐一處，閉目聆聽音樂半小時左右。

◆面對現實，改進應對策略

挫折不可避免，迴避只是暫時的解脫，只有誠實面對，才能使自己走向成熟。學會吃苦當吃補，才能真正體會失敗是成功之母的真正意涵。一個人不可能讓社會來適應你，只有你去適應社會。

(四)正面迎戰失敗

俗話說：「勝敗乃兵家常事」，任何人在一生中不可能總是一帆風順，事事成功和如意，總會遇到一些挫折和失敗。所以我們都必須做好準備，「勝不驕，敗不餒」，不斷吸取和總結經驗教訓，最後鋪成成功之路。偉大的失敗與出色的成功一樣有價值，因為每失敗一次就讓自己離成功更近了些。是的，一個人面對失敗所持的心態往往決定他一生的命運。

「人與人之間只有很小的差異，但是這很小的差異卻造成了巨大的差異」。很小的差異就是心態是積極的還是消極的，巨大的差異就是成功和失敗。

樂觀的心態有助於克服困難，使人看到希望，保持積極進取的旺盛鬥志。悲哀的心境使人沮喪、失望，對生活和人生充滿了抱怨，自我封閉，限制和扼殺自己的潛能。所以請儘快從昏暗的心境中解脫出來吧！

記住德國人的一句話：「即使世界明天毀滅，我也要在今天種下我的葡萄樹。」如果一個人遭受失敗都能泰然處之，那麼，每一次的成功必然是快樂難忘的。他的一生就不會低沉消極，他就能保持樂觀的姿態。心理學家麥克斯說過，凡在逆境中打不垮的人，都是事業的成功者，也是最能保持樂觀的人。

案例

湯瑪斯・卡萊爾的故事

英國大文豪湯瑪斯・卡萊爾（Thomas Carlyle, 1795-1881）花費很長的時間辛苦寫的一部手稿，不幸被侍女當作廢紙在生火煮飯時燒掉了。卡萊爾發現後頓時惱怒萬分，當時的心情真是無法形容，但他並沒有悲觀絕望：卡萊爾開始逐字逐句地回憶原文，並以更加出色的筆調與文采將書重新寫完。一部跨越時代的巨著就這樣再次誕生了，這就是名噪法國乃至全世界的《法國大革命》。

成功者與普通人的不同之處，就在於他保持了樂觀的心態，凡事都往美好的一面看，從不知道失敗的可怕。我們往往在經歷一兩次小

小的挫折時，就歸咎於別人給予自己的不公，怨天尤人，久而久之就會被這種消沉擊垮，缺乏信心，生活消極，也就遠離樂觀了。

巴爾札克說：「世界上的事情永遠不是絕對的，結果因人而異，苦難對於天才來說是邁向成功的一塊踏腳石，對能幹的人是一筆財富，對於弱者則是一個痛苦的萬丈深淵。」我們要在失敗中吸取經驗教訓，體會方法，思考原因，這樣，我們才會變得成熟，才會成功。

案例

愛迪生的故事

在愛迪生發明電燈的過程中，有人說他共歷經一千九百九十九次失敗，有人問他：「你是否還打算迎接第二千次失敗？」愛迪生答道：「那不叫做失敗，我只是發現哪些方法做不出電燈來。」他根本沒有認為自己失敗，他是成功地發現一千九百九十九種不能做成燈泡的方法。

1914年12月的一個夜晚，愛迪生的實驗中心遭遇了一場大火。失去了近一百萬美元的精密儀器與大批珍貴的研究資料。這位大發明家站在這不幸打擊的頂端巡視著一堆堆殘垣瓦礫時，領會到了生活與事業的一條重要的哲理：「即使身處逆境，也一定要保持樂觀。」愛迪生後來將實驗室重新建立了起來，為世界創造出無法估量的財富。

(五)微笑著面對失敗

西洋有句諺語：Smile, and the whole world smiles with you; weep, and you weep alone. 所以，面對挫折時——Smile！微笑著面對失敗，

不要把每一次考試成敗看得那麼重要；不要把每一場競爭看得那麼自私；不要只看狹小的一面，放眼世界，樂觀些；不必計較一個小小的挫折，即使是一次又一次的挫折來襲，我們也要永不言敗，微笑以對。

　　每個人在一生中都有一門重要的學問要學，那就是怎麼去面對「失敗」，處理得好壞往往就決定了一生的命運。所以，失敗並不可怕，重要的是我們如何面對失敗。失敗者與成功者的區別不是在於他們失敗的次數多寡，而是在他們失敗後有什麼不同的態度和作為。

　　有一句話說得很有意思：「最大的失敗，就是永不失敗。」我非常同意，那些從未失手過的人將會是虛弱無力的，那些沒犯過錯的人通常是一事無成的。因為只要你去做事，就一定會或多或少的犯某些錯誤，孰能無過？犯錯是成長的一部分，如果我們因為害怕失敗而避免去做事，也就喪失了成長的機會，如果你避開失敗，其實也就是避開成功。

 四、魔鬼就在細節裡

　　「細節裡有魔鬼」究竟是什麼意思呢？魔鬼就在細節裡（The devil is in the details），指的是「困難的部分都躲藏在很多小細節的地方」，計畫中經常被忽略的小事，可能會導致嚴重的失敗後果。致勝關鍵在於能夠在企業運作各個環節中的細微處，看到別人所看不到的地方、做到別人所做不到的境界。

　　要抓住細節中的魔鬼，必須具備的是人格特質、思維邏輯以及工作態度，靠的是鋼鐵的紀律、對工作流程的精密分析與控制，以及永不懈怠的業務執行力；一個產業的所有工作人員都知道細節裡有魔鬼的時候，也就是這個產業邁向精緻成熟、發光發熱的時候，也就是產業能夠成功、文化生活更加精采多元的時候。

老子說：「天下難事，必作於易；天下大事，必作於細」。它精闢地指出了想成就一番事業，必須從簡單的事情做起，從細微之處入手。一心渴望偉大、追求偉大，但是偉大卻了無蹤影；甘於平淡，認真做好每個細節，偉大卻不期而至。這也就是細節的魅力。一個人的價值不是以數量而是以他的深度來衡量的，成功者的共同特點，就是能做小事情，能夠抓住生活中的一些細節。

(一)成大業若烹小鮮，做大事必重細節

「專注」與「單純」，是成功法則中極重要的兩項態度。有人說做小事，看大事，極為單純又細微的事情，有時微不足道，但往往具有顯著的力量。根據調查，企業老闆及主管決定任用、升遷及加薪的標準，往往並非完全取決於一個人的工作能力，而是把一個人「待人接物」的細節是否能夠面面俱到也一併考慮進去。「細節」是決定成敗的最重要因素。偉大源於細節的累積；細節具有決定性的力量。完美的細節代表著永不懈怠的處世風格，也是一個人追求成功的資本。

(二)一個小零件釀成大災禍

一架波音747飛機就有四百五十萬個零件，而在這些由成千上萬、數百萬的零部件所組成的機具中，每一個部分容不得哪怕是1%的差錯。否則的話，生產出來的產品不單是次級品、廢品的問題，甚至會危害生命。

挑戰者號太空梭災難

挑戰者號太空梭災難發生於1986年1月28日上午11時39分，發生在美國佛羅里達州的上空，當挑戰者號太空梭發射後，其右側固體火箭助推器（SRB）的O型環密封圈失效，致使太空梭在發射後的第73秒解體。SRB的密封圈失效後，洩漏出來的火焰灼燒了毗鄰的外部燃料艙，在幾秒鐘內，外部燃料艙出現結構失效，空氣的動力迅速分解了太空梭，七名太空人全部罹難。

天氣預報稱28日的清晨將會非常寒冷，氣溫接近攝氏零下0度，這是允許發射的最低溫度。過低的溫度讓工程師感到擔心，部分工程師再次表達了他們對密封SRB部件接縫處的O型環的擔心：低溫會導致O型環的橡膠材料失去彈性。他們認為發射前一天夜間的低溫，一定會把SRB的溫度降到警戒溫度以下。但是高層否決了他們的異議，認為發射進程須按既定時間進行。

由於低溫，太空梭旁轟立的定點通信建築被大量冰雪覆蓋，右側SRB部件尾部接縫處的溫度僅有攝氏零下13度，遠低於O形環的設計承限溫度。但這個資訊從未傳達給決策層。在最後一項檢查完成後，冰雪開始融化時，確定挑戰者號將在美國東岸時間當日上午11時38分發射。火箭升空73秒後發生了震驚世界的爆炸，並在空中解體成千萬片碎片飄落海面……

五、職場的正確心態

　　工作中我們如何調整自己的心態、如何正確的定位、公司如何引導員工建立正確的心態等，成為我們日常工作中不容忽視的一部分。

思想決定行為，態度決定結果

◆竭盡全力與盡力而為

　　　　當你不能改變環境時就必須去適應環境；當你不能改變別人時就改變自己；當你不能改變事情時就改變對事情的態度。

　　在許多人眼裡，都有一種錯誤的認知：工作只是一種簡單的僱傭關係，一種謀生的手段，做多做少，做好做壞，對自己意義不大，達到要求完成任務就行了，這是一種消極心態。盡力而為和竭盡全力，他們的態度決定了他們的命運！在現實工作中、學習中，很多人都是盡力而為，而非竭盡全力。全力以赴的表現為嚴謹、積極，主動的態度，全身全心地投入，也只有這樣才能有更突出的表現。

◆主動與被動心態

　　主動工作與被動工作的方式、方法、狀態以及結果是完全不同的，當你主動工作，透過自身的努力或借助他人的力量，並不斷地解決一個個難題的過程中，你自己也就逐步的強大起來，你自身的價值就在這個過程中不斷地增加，這樣你對上司的依賴就會減弱，而上司對你的信任也會逐步增加。

俗話說：「機會只給那些準備好的人！」（Chance favors only the prepared mind!）因為態度決定結果，態度決定一切。全心投入工作所取得的成效，當然要比態度不甚積極情況下所完成的工作成效品質要強得多，至少在工作品質上與付出上，積極努力、腳踏實地的投入工作是值得肯定的。

如果一味地被動工作，心情浮燥，態度消極，體會不到工作的樂趣和成就感，在這種態度下工作所取得的成效與品質也就可想而知了。

◆付出與回報

我始終相信一句話：「付出不一定有回報，但是不斷地付出，一定有回報」。回報不單單指物質層面的，也包括精神層面在其中。有了這樣的思維，就不會好高鶩遠、急功近利、眼高手低，不再老是想著用輕鬆簡單的工作方式來實現目標，也不再寄望用最少的付出得到更多的回報。

◆自我調整

在工作中，不管做任何事情都應將心態回歸於零；抱著積極學習的態度，將每一次任務都視為新的開始。千萬不要將工作視為不得不完成的任務，結果做得心不甘情不願的，於公於私都沒有好處。

積極樂觀的心態能讓自己工作得更快樂

工作需要有激情，工作中的振奮和無限的自信，才能在處於思想低潮時及時自我解救出來。人就應該樹立積極樂觀和寬容豁達的心態，這樣才會獲得工作的樂趣，帶來事業上的成就和生活上的美滿幸福。

◆接受他人比去改變他人更容易

生活中要學習接受別人，還要善於接受現實，學會知足，不能向上比較就向下比較。我們要學會適應，要隨著時間、地點、環境的變化不斷地去調整自己的心態。

別說同事不接受你，別說環境不適合你，也別說事情太難，別說公司對不起你，其實只是你的心態沒調整好而已。另外，我們還要學會忘記、諒解與寬容，不要讓你的記恨給了別人再次傷害你的機會；更要學會感恩、欣賞和給予，這樣你就會覺得你所做的一切都是一種回報，常常保持這種心態，才會真正體會到工作的樂趣和價值。

◆正確自我定位

每一個人都會有自己的人生定位，而最終的定位往往又會受到各種因素的影響，作為公司的員工，應該珍惜現有的工作，每個人都有自己明確的工作職責和範圍，以飽滿的熱情和積極的態度去認真對待工作，才能夠圓滿完成每一件事情。

總之，態度是一個人對待工作的一種原動力，不同的態度將產生不同的驅動作用。好的態度產生好的驅動力，肯定會得到好的結果，而不好的態度也會產生不好的驅動力，則會得到不好的結果。什麼樣的心態，將決定我們什麼樣的成就。

Note...

第五章

態度的重要

- 品德第一
- 誠實的重要
- 態度決定高度
- 負責的態度
- 謙虛的態度

本章主要討論的就是「態度」：因為態度決定一切、態度決定高度。一個球員在球場上拚戰的態度可以反敗為勝，扭轉戰局，一個人的態度則會影響他的發展與成就並及於其一生。討論相關誠實的態度、樂觀的態度、負責的態度、謙虛的態度等等，讓我們成為一個知道何時該保持沉默，並且擁有良好的品德，可以為公司以及其他人所信賴的人。

案例

你要當0.31還是2.85？

在某一場大學的演講中，一位老師提到簡單的數字遊戲：$1 \times 1 \times 1 \times 1 \times$⋯⋯，各位：1乘1，乘以十次，答案會變多少呢？答案很簡單，當然是「1」！可是，$1.1 \times 1.1 \times 1.1 \times 1.1 \times$⋯⋯，也就是1.1乘1.1，乘以十次之後，答案會變多少呢？這就不容易算了⋯⋯。

有人猜10，有人猜8⋯⋯，正確答案是多少呢？答案是「2.85」。假如每天進步一點點，日積月累，積極、不斷地進步、再進步，那麼「乘以十次」之後，答案就變「2.85」。

可是，如果每天懶散一點、懈怠一點、沒有目標、無所事事⋯⋯，也就是$0.9 \times 0.9 \times 0.9 \times 0.9 \times$⋯⋯，亦即0.9乘以十次以後，答案會變多少呢？

有人答「0.8」，有人答「0.7」⋯⋯正確答案是多少呢？

請你親自用計算機算一下好嗎？你一定會震驚的！答案是「0.31」。

所以，一個人要當0.31還是2.85，差別只是那微小的0.1。

一、品德第一

　　隨著產業的轉型，企業員工除了要具備創新思維能力外，更需要提升看不見的競爭力——品德，因為從事經濟活動的人若對於文化與道德有所體悟，將會帶領企業走向正途，創造獨特而優質的企業文化，直接提升整體社會水準。品德，這個已經不再被重視的基礎教育，是關係著企業成敗的關鍵因素。

　　台積電是一家很特別的公司，特別的不只是其營業規模居冠，更因為其獨特的企業文化，特別重視員工的品德操守。在台積電的十項經營企業的理念中，第一條就是誠信。

　　為什麼很多國際級的公司都非常重視企業的倫理價值？因為品德、倫理在企業營運正常時，雖看不出急迫性，但是不論是在環保、產品安全、機密保護、專業精神、守法、工作安全、公私利害衝突等層面，企業人的品德和倫理，將會影響到一個企業的生存。現在已經有愈來愈多企業發現員工品德的重要了。

　　如何加強員工的企業倫理？管理制度非常重要。以台積電為例，在公司內部升遷考核時，首先就會以品格的考核為前提，如果品格不行，再優秀的員工也不能拔擢為主管。有的企業則運用課程活動和獎勵措施，來積極培養員工優秀的品德。

員工品德與企業成敗息息相關

　　品德越來越受到企業的重視了，據統計，有50%的企業在試用期內進行品德測試。這主要是因為企業越來越要依靠人才來發展，如果員工不誠實不守信，例如對企業不忠誠、隨意跳槽等，或者有偷盜、貪汙等不道德行為，往往會給企業造成很大的損失。因此品德測評是必要的，也是必需的。

　　員工品德評定的原則如下：

(一)動機與行為的原則

　　品德的高低是透過外在的道德行為來表現的，外部行為是測評的重要依據。但由於人的道德行為是受意識控制的，動機是意識的重要指向，動機在心理行為中處於核心地位，對品德發展起著決定性作用。因而，品德動機應當成為品德測評的重要參考。

(二)以發展為主，以檢視為輔

　　現代品德測評應當遵循「以發展為主，以檢視為輔」的原則。品德測評的根本目的不是對員工的品德進行評斷、甄選與分類，而是有助於員工的品德發展和社會道德提高。重視員工在品德評定過程中的積極體驗，強化自我意識、提高自我控制能力，以激起員工的工作積極性，乃是實現品德測評的最高目標。

(三)自然人性與激發的原則

　　品德評定中的人性是最為重要的問題。人性是依品德測評客觀、科學的基礎來實現的。品德評定強調以真實性為科學基礎，同時更要強調其激勵性。對於企業來說，品德評定的最終目的是激發員工的工作動機，創造更大的工作績效。品德評定的過程應當成為不斷激勵員

工品德發展的歷程。

(四)道德犯錯殺無赦

　　員工品德應包括經營理念的吻合度、工作態度與基本道德，其中基本道德一旦違反就應給予嚴厲處分，所謂：「技術犯錯猶可原諒，道德犯錯殺無赦。」企業在進行員工考核時，除了要考核員工的績效與潛力之外，通常也會考核他的「品德」。

　　毫無疑問地，優秀的品德應當是每一位員工必備的美德。任何一個組織，要想具有競爭力、永續力，必須要具有一批品德高尚的員工。對任何用人單位而言，不僅要求員工頭腦敏銳、專業技能，更重要的是，還應具有正直的品格。小到一個單位，大到一個國家，大家都需要好的品德。

二、誠實的重要

Honesty is the best policy!誠實是最好的策略！

　　自古以來，不管在東方國家還是西方國家，誠信都被視為一種傳統美德。在人生旅途中，我們也許會因為堅守信用而損失一些眼前的利益，但是從長遠的人生來看，樹立真正誠實的信譽，完全被他人信賴是無法用金錢換來的，信用的建立是一個人走向成功人生的關鍵。因此，遠離爾虞我詐，圓滑世故，才是正確的人生態度。不欺騙，不隱瞞，是做人最基本的原則。

　　孔子說：「人而無信，不知其可也。」意思是說一個人如果不講誠實，就不知道他怎樣可以立身處世。誠實，是人的本性和美德。

誠實的可貴在於持恆，也就是始終如一。誠實的可貴更在於禁得起考驗，在於心口一致。生活中我們必須誠實，奉行誠實，同時也應鄙視虛偽、欺詐。

商場上誠實越來越被人們所看重，要求人們對自己講的話承擔責任和義務，言必有信，一諾千金。承諾是非常鄭重的行為，對不應該做或辦不到的事，不可輕易許諾，一旦承諾，則需認真兌現。正所謂：誠實比一切智謀更好，誠實本身就是最好的策略。

 ## 三、態度決定高度

(一)熱情

> 沒有熱忱就無法締造偉業。

> ——愛默生（Ralph W. Emerson），美國思想家、散文
> 家、詩人

每一天，我們都可以對別人的生命產生正面的影響。我們可以選擇渾沌度日，或者感受內心的悸動，在人生旅途中感動他人。盡情活出生命吧！

(二)微笑

> 當我們不在意生命中的缺憾，而對當下懷著感恩的心
> 時，就是置身於人間天堂。

> ——莎拉·布瑞斯納（Sarah B. Breathnach），美國作家

我今天要做什麼樣的人？保持正面態度最美好的一點是，很多時候你無意間感動了許多人。我們做出的選擇、表現出來的態度，每天都能影響其他人的生活，這樣的影響可能是正面，也可能是

微笑積極的態度將左右你一生的喜悅和幸福

負面。因此，當你每天早上起床時，不妨對著鏡子問自己這個重要問題：「我今天要做什麼樣的人？牢騷不斷的人，還是微笑讚美他人的人？」你的答案將左右你一生的喜悅和幸福。

(三)寬恕──寬恕是一把鑰匙

> 上帝賜予我平靜的心，讓我接受那些我無法改變的事情；賜予我勇氣，改變那些我有能力改變的事情；賜予我智慧，讓我知道兩者的差別。
>
> ──蘭和德‧尼布爾（Reinhold Niebuhr），美國神學家

有人說：「因為別人的過錯而生氣，就是用他人的錯誤再次懲罰自己」。仔細想想，到底是什麼讓我們衝動起來？我們為什麼會有這樣的感覺和行為？情緒能對我們發揮強烈的激勵作用，情緒比其他事物更能驅策我們的行動。

(四)凌雲壯志

你的夢想和你的態度決定你人生的高度。我們的理想抱負等於我們的潛力。為了成就事業，我們行動之外，還需夢想；有了規劃，還需信念。

——安納妥・法蘭斯（Anatole France），法國小説家

案例

鴿子的對話

這是小鴿子們最重要的一天。他們準備離巢單飛。單飛的過程是小鴿子實現命運必經之路，這樣才能建立他們的信心。老鴿子描述他的比賽歷險故事時，一窩小鴿子頻頻插嘴。

「我能飛多遠？」有隻小鴿子問。

「你能看多遠？」老鴿子回答。

「我能飛多高？」小鴿子又問。

「你能看多高？」老鴿子回問。

「我能飛多久？」小鴿子繼續問。

「地平線有多遠？」老鴿子反問。

「我能有多少成就？」小鴿子繼續問。

「你有多少信心？」老鴿子繼續回答。

小鴿子對於這種對話感到不耐，帶著質問的口氣說：「你為什麼不回答我的問題？」

「我有啊！」

「是有，但你用問題來回答。」

「我盡我所能回答你的問題了。」

「不過你是老鴿子，你應該什麼事都知道。如果連你都不能回答這些問題，又有誰能回答？」

「你自己！」睿智的老鴿子很篤定地說。

「我？怎麼可能？」小鴿子一頭霧水。

「沒有人能告訴你飛多高或飛多遠。每隻鴿子的答案都不一樣。只有上蒼和你知道你會飛多遠。這世上沒有人知道你的潛力或你心裡想什麼，只有你自己才能回答。唯一能限制你的是──你想像力的邊緣。」

(五)樂觀與開朗

開朗，是一種即使天塌下來也有高個子先擋著的想法；一種再沮喪也可以樂觀的習慣；一種再絕望也還有希望的精神。開朗是人生調味料，裡頭的成分要有一點聰明。開朗是一種性格，一種「只要人活著就有希望」的期盼，一個「天生我才必有用」的信念，加上「路是自己走出來」的傲氣，加上一對懂得創造未來的雙手。開朗是一種能力，也是一種傾向。它讓你不必久待於陰

樂觀開朗是人生快樂成功的動力泉源

暗，讓你知道自己是誰，明白你可以在人生中做些什麼事！

「樂觀開朗」是人生快樂成功的動力泉源，也是基本的心態修養。不管你是獨處或群聚，樂觀開朗都能凝聚利己的人氣，對一個快樂成功的人生很有幫助。人見人厭的愁眉苦臉過一生，人見人愛的歡喜快樂也過一生，為什麼不選後者？

案例

有個老掉牙的故事：「鞋廠老闆派兩個推銷員到非洲推廣業務，其中那位悲觀推銷員說：『開什麼玩笑，全世界的人都知道非洲人打赤腳不穿鞋，到那裡賣鞋子，豈不是死路一條！』可是另外一位推銷員卻很高興，他樂觀地說：『這些沒穿鞋的非洲人，都是我的潛在客戶，我的未來市場潛力真是不可限量。』」結果，悲觀者根本去都不去，樂觀者成了現今非洲穿鞋者的供應先驅，既掌握了時機，也有了實績。

人若開朗，心胸就會開闊，心靈也會活潑，形諸於外的言行舉止都較明朗，當然更會因此毅力增強而活力無限；格局足以影響結局，為人處世格局大，有氣魄，拿得起放得下，比較禁得起挫折，成敗得失看得開，也就容易反敗為勝，轉憂為喜；不但人緣好，人氣強，做事主動積極，成效也高。

眾人皆知樂觀好處多多，但是到底樂觀的態度有哪些好處呢？

♥樂觀與開朗是雙胞胎
♥樂觀是心胸豁達的表現
♥樂觀是健康的法寶
♥快樂是人際交往的妙藥

♥樂觀使你工作順利

♥樂觀可以避免挫折感

　　現在讓我們來看看「洛克菲勒的故事」，看一位本來是凡事操心、時時憂慮的商人，即將不久於人世，如何變得豁然大度，活到高齡的故事。

案例

洛克菲勒的故事

　　約翰‧洛克菲勒（John D. Rockefeller, 1839-1937）是有史以來第一位億萬富豪。洛克菲勒出生於美國紐約州的里奇福德（Richford, NY）。家境貧寒，所以從小便立志要賺很多錢。十八歲時，在證券經紀公司任職，以後獨自一人出去闖天下，先到克里夫蘭開設一間小煉油廠，想不到相當順利。因此他在三十一歲那年，創設美國標準石油公司，錢財滾滾而來。設廠第三年（三十三歲），他高興的賺到第一個一百萬元，成為名副其實的「百萬富翁」，四十三歲時，他已掌控全球最大的商業機構，財富不斷增加。他一輩子都在追求金錢，創造他的企業王國。

　　洛克菲勒是石油鉅子，他僱用大批的船隊運送石油，可是他從來不投保，因為保險費是一筆頗大的支出。有一次他的船在大西洋上航行，船有了狀況，船長打電報回公司，他就趕快去買保險，萬一有了船難，還可以得到補償。洛克菲勒立刻花了一百塊美金去投保，不久之後，這艘船又打電報來說，船已成功的脫離險境。洛克菲勒非常懊惱，因為他浪費了一百塊美金，億萬富翁的他竟為了一百元而耿耿於懷。

　　五十三歲那年他已是名利雙收的「石油大王」，卻在同一年，他患了一種怪病「脫毛症」（Alopecia）。不但消化不良，只能吃一點蘇打餅乾，喝一點牛奶，最後連牛奶也消化不了，需改喝人奶。他擁有千萬錢財，要吃任何山珍海味都可以，卻很可憐，只能喝一點人奶來維持生命。所以他開始憂鬱，日漸消瘦，即使看訪了各大名醫都沒有用，醫生也警告他說，你如果這樣下去，可能活不過一年。但是消息傳開後，由於之前太過自私自利，不但得不到大眾的同情，一知道他已病危，大家反而更高興，希望他早一點死。

　　他的經紀人警告他：「你的財富將來不但要毀滅你，也會毀掉你的子孫。」他問：「怎麼辦才好？」經紀人建議他：「別再為錢財費心了！趕快散財，成立慈善事業，幫助別人。」

　　他終於頓悟，立刻成立了「洛克菲勒醫學研究中心」、「洛克菲勒紀念基金會」、「洛克菲勒夫人紀念基金會」、「普及教育委員會」，另外也設立許多大學、醫院、宗教團體、濟貧慈善事業等。

　　他把整個事業交託給信任的助手，自己完全退休，只做助人的善事。結果他不再失眠，胃口也逐漸改善，身上疾病不藥而癒，身心愈來愈健康，這時候他覺得人生開始不一樣了，他覺得更有意義了，奇妙的是他的頭髮也長出來了。本來醫生在他五十三歲時，擔心他活不過一年，想不到他竟然活到九十八歲才逝世。身上只留下一張股票，是當年創立石油公司的股票，因為是「第一號」，所以留作紀念。

(六)面對錯誤應有的態度

　　有人說：「做一個人其實很容易，擁有一個幸福的人生其實也很簡單：第一是不要拿自己的錯誤懲罰自己，第二是不要拿自己的錯誤

懲罰別人，第三是不要拿別人的錯誤懲罰自己。」有這三條，人生就平順了。

◆不要拿自己的錯誤懲罰自己

人間有多少煩惱是自己與自己過不去？人非聖賢，誰能無過？如果一有過錯，就終日沉陷在無盡的自責、哀怨、痛悔之中，那麼其人生的境況就會像泰戈爾所說的那樣：不僅失去了正午的太陽，而且將失去夜晚的群星。

◆不要拿自己的錯誤懲罰別人

這樣淺顯的道理誰都明瞭，但知易行難。人們都會為自己的過錯而痛悔，但不少人痛悔歸痛悔，卻還要瘋狂地尋找能夠掩飾傷口的藉口，於是就情不自禁地要去懲罰別人；而那些無辜地受到懲罰的替罪羔羊，遲早都要奮起自衛。這樣拿自己的錯誤懲罰別人，人生豈能不累？因此，不要拿自己的錯誤懲罰別人，並不是一種很容易達到的境界，它需要相當的大器量。

◆不要拿別人的錯誤懲罰自己

哲人康德說：「生氣是拿別人的錯誤懲罰自己。」一個人如果沒有樂觀和豁達的態度，生活中讓人生氣的事俯拾即是。生氣是有害身體的，常言道：氣大傷身後悔遲，有些病還是因生氣而引起的。朋友之間，免不了失約失諾；在工作上，免不了矛盾糾紛等。於是，因為生氣而失去冷靜，甚至既傷了人又傷了和氣的事情時有發生。

何苦要氣？冷靜下來細想，生氣大都為他人、他事而發，錯誤並不在自身。令你生氣的人可能已經走得老遠了，你還為他生氣，何必呢？令你生氣的事已經過去很久了，你還為它生氣，何必呢？許多時候，我們往往做拿別人的錯誤來懲罰自己，在懲罰自己的時候，又達不到糾正

別人錯誤的目的。既然如此，何必忿忿不平而自傷呢？與其拿別人的錯誤來懲罰自己，倒不如在別人的錯誤前顯示自己謙沖的美德。

四、負責的態度

The buck stops here! 我下決定，責任歸我！

「The buck stops here」是前美國總統杜魯門在白宮辦公室桌上的座右銘。它的來源是杜魯門的朋友——佛烈德，他當時任密蘇里州西區警長，有一次參訪奧克拉荷馬州的少年感化院時看到類似的標語牌，便請求典獄長製作一個送給杜魯門總統。於是這個「The buck stops here」的標語牌就在1945年10月2日寄達白宮總統辦公室。

其實「The buck stops here」這句話是由美國俚語pass the buck演繹而來的。pass the buck的意思是「將該負責任的事傳給別人」（passing the responsibility on to someone else），另一個說法是，在西部拓荒時期玩撲克牌遊戲時，輪流發牌的指標是用一種帶有鹿角手柄的刀子（a knife with a buck horn handle）代替。如果輪到發牌的人不願意發牌，可將機會讓給別人，英文叫做 "pass the buck"。

1953年1月，杜魯門總統卸任時，在告別演說中，他特別強調：「不管任何人當美國總統，當該作決策時，就該當機立斷，不可將責任推給別人，也沒有任何人可以代他作決策，因為這就是總統的職責（The buck stops here）」。

因為這一句話，就足以讓這位看似平凡的總統變得不平凡了。請看下列的紀錄：1945年4月羅斯福總統病逝後，杜魯門接任總統。杜魯門做了許多影響世界的大事：

★參加制定聯合國憲章

★接受德國無條件投降

★下令原子彈轟炸長崎、廣島

★提出遏制政策與蘇聯開始冷戰

★訂立北大西洋公約

★建立中央情報局（CIA）

★批准美軍參與韓戰

★解除了韓戰統帥麥克阿瑟的職務

「勇於負責」雖然人人耳熟能詳，但是實際做得到的人卻是寥寥可數。真正的「負責」是一種發自內心對工作執掌、交辦任務所秉持的「不達目的絕不終止」的堅持態度。是一種做事不推拖、不找藉口、不歸咎他人、不打折扣的積極作為，這種積極的任事態度、工作熱誠，不僅能鼓舞周遭同事，激發出團隊效率，更會很快地讓自己在團體中頭角崢嶸、出類拔萃，相對的能為自己開創出無限的機會。

讓我們來看看有哪些時機、場合，是一個員工必須勇於負責的時候：

(一)負責是每個人分內的事

不要覺得自己微不足道，要知道，即使缺了一個小螺絲釘，一部大機器都有可能因而停擺。達成目標的力量，其實就在自己身上，每個人都因此而必須積極面對每一項工作，因為「勇於負責」是改變一切的力量；透過「勇於負責」的態度，讓一個人的尊嚴得到最大程度的維護；而因為能對上級交派的任務負責，相對的才能對自己的能力負責，終於能完成任務。

(二)不要推卸責任

責任不會無端加諸己身，當然也不會憑空消失，責任只會因任務完成而結束，不會自然離你而去。做為一個員工，只要是公司的事，就不要說你不知道；更不要害怕出錯而不做任何決定；即使對同事的工作也不要置身事外；萬一自己的工作出了狀況，千萬不要歸責他人；對於挑戰性的工作，不要坐等奇蹟出現；一旦團隊合作的工作上出了差錯，不要忙於撇清自己的責任；對同事在工作上遭遇到的困境，不要視而不見；最重要的是不要老是抱怨工作。

(三)勇於改變現狀：讓今天的我向昨天挑戰！

公司所在的大環境瞬息萬變，維持現狀就等於慢性自殺，不要害怕改變帶來的大風吹，一旦在狂風暴雨中站穩腳步，必然會發現自己已經千錘百鍊，能大步昂首向前。要讓自己有強烈的責任感，因為盡職盡責會讓我們的工作盡善盡美。常常靜下心來問自己：我還能多做些什麼？為了要讓今天的我向昨天挑戰，每天都要有所改變，要想改變，就要善於擷取對自己工作有用的資訊。對工作也要發揮專注的精

每天都要有所改變，讓今天的我向昨天挑戰！

神，才會發掘出本身的潛能。全力以赴的做好每一件小事，然後順勢而爲的向高難度的工作挑戰，只要這種主動做事的態度被內化爲一種個人習慣，改變現狀就不再是件勞師動衆、成敗難料的改造工程了。

 ## 五、謙虛的態度

> 當我們謙卑的時候，便是我們最接近於偉大的時候。
> ——泰戈爾，印度詩聖

> 謙謙君子，卑以自牧也。　　　——《周易·謙》

「滿招損，謙受益，時乃天道」，意思是說，自滿的人會招來損害，謙虛的人會受到益處。它告訴人們驕傲自滿有害，謙虛謹愼有益的道理。亙古以來，謙虛、謙讓即爲傳統的美德。

一個人越不需要向別人證明你自己的能力，他的內心就會越安靜平和。證明自己有很強的能力是一個危險的陷阱。它需要耗費大量的精力，不斷指出自己的成就、吹噓或是說服別人瞭解你的價值。糟的是，你越嘗試證明自己，他人就越會迴避你，在你背後嘲諷你的吹噓，乃至會憎惡你。

> 一個驕傲的人，結果總是在驕傲裡毀滅了自己。
> ——莎士比亞（William Shakespeare），英國大文豪

> 「謙虛」就是我的宗教。
> ——愛因斯坦（Albert Einstein），德國物理學家

愛因斯坦常謙虛自己的理論無創見，應歸功於前輩牛頓、馬克斯威爾、勞倫茲等，他也讚美居里夫人是他認識的名人中唯一未受盛名腐化者。羅斯福總統邀請愛因斯坦接受成爲美國榮譽國民，但是愛

因斯坦謝絕此特殊禮遇。他不喜歡鋪張排場、豪華享受。他欣賞一句話：「一個人的快樂在於他是什麼，而不是他有什麼，或別人怎麼看他。」這就是愛因斯坦性格上最吸引人們的魅力所在，他為自己建立了「活在謙遜裡」的形象。他說：「謙虛就是我的宗教。」對他來說，沒有什麼事是值得太過驕傲的，他也沒有什麼作為是比別人了不起的。他認為：「謙虛」是作為一個人應該有的自然修為。

　　一個謙虛的人，一定會得到大眾的支持與信任，而懂得謙虛，便知道日新又新的重要；不但學問要求進步，做人、做事、交友等等，樣樣都要求進步。種種的好處，都從謙虛上得來，所以稱為謙德。謙虛乃是發於心而行於外，不是靠做樣子做出來的。並不是出於禮貌，而是出於內心的真實感情。知道自己的不足，因此才甘為人下，並且從別人的長處中學習有益的東西，從而使自己更加完善。

案例

日本高僧

　　日本有一位高僧，有一天他接見了一位學者。這位學者自恃有些才華，所以自視甚高，他喋喋不休，而又咄咄逼人地向高僧講述著自己的高論。

　　高僧一面耐心微笑傾聽，一面親自為這位學者斟茶。斟茶時，茶水已經斟滿，可是高僧還沒有停止，結果茶水從杯口都溢了出來。

　　學者看到後，立即說：「茶已經滿出來了！」

　　高僧慈祥的笑著，自語道：「噢，茶已經滿出來了，就再也倒不進去了。」

　　這位學者很聰慧，他馬上領悟到了其中的道理，所以立即改正了驕傲自滿的態度，虛心求教，結果受益匪淺。

(一)謙虛的人懂得自我控制

　　把持自我，進退有度，懂得放低身段，不會把自己看得最重要，懂得虛心求教，傾聽他人的意見，不在乎個人成就，把公司的利益擺在個人之前，考慮團隊合作，追求共存共榮，務必使自己和組織達成一種合諧狀態。

(二)謙虛的人會把他人的需求擺在第一位

　　在面對客戶時，會認真設身處地替客戶著想，不會為了業績胡亂吹噓自家產品或服務。謙虛的人認為，當客戶完成了目標，自己的目標才能被實現。自己的業績想要達成，得先幫助客戶達成他的業績。謙虛的人看重他所服務之人的需要，不會心裡只想著自己。面對公司，絕對是公司優先，而非個人優先。謙虛的人知道，公司沒了自己為附？

(三)謙虛的人會說：這是大家的功勞！

　　謙虛的人知道，自己之所以能夠有好業績，是因為其他同仁與客戶的幫忙，群策群力，共同完成同一個目標的結果。謙虛的人知道沒有一個人是完美的，人不可能光靠自己就能完成所有的工作。因此，不會把所有功勞攬在自己身上，因為有好的團隊才能成就他的成就，因此，絕對不會只顧自己，不顧他人。

(四)謙虛的人努力追求進步

謙虛的人知道自己有所不足，絕對不會自滿，亦不會劃地自限，總是不斷地追求成長，積極面對挑戰，超越困境。擁有謙虛這種企業文化的公司，會不斷地改善自己的作業流程與產品與服務，精益求精。

(五)謙虛的人能察覺潮流的變化

謙虛的人放低身段，配合世界潮流的需要。面對客戶時，謙虛的人傾聽客戶的需求，針對客戶的需求提出解決辦法；自滿的人漠視客戶的需求，以不應該有的自信要求客戶照自己的意見做。謙虛的人瞭解進步永遠沒有終點，永遠存在改進的空間，所以能夠留心市場環境的變化，隨時調整自己，滿足市場的需求。謙和之所以難，在於人一旦功成名就後常會忘掉過去苦難的勤奮歲月，甚至趾高氣揚了起來，切記：由失敗到成功之路艱難無比，而由成功到失敗只有一念之間！

第六章

商務及職場上之禮儀

- 微笑的重要
- 辦公室基本禮儀
- 電話之禮儀
- 商務介紹之禮儀
- 交換名片之禮儀
- 稱呼之禮儀

　　本章主要討論的是商場上必須要知道的基本禮儀與行為舉止。包括辦公室基本禮儀、電話禮儀、介紹禮儀、交換名片、稱呼之禮儀等等，期能加強讀者在職場上專業的形象。

一、微笑的重要

　　初入職場，面對的是陌生的工作與陌生的環境，首要課題就是如何熟悉與被熟悉。我覺得最簡單有效的方法就是微笑。

　　微笑是一種語言，是人和人相處最好的一種表達方式，所以我們應時刻記住微笑。學會微笑，你也就學會了怎樣在人們之間架起一座友誼之橋，掌握了一把開啟人們心扉的鑰匙。學會微笑是跨出成功的第一步，不論是在學習中還是在工作中。它能給你帶來財富，帶來健康，帶來許多你想像不到的驚喜，所以，我們每天起床的第一件事，應該是對著鏡子給自己一個鼓勵的微笑，讓微笑開始新的一天。

　　世界旅館業鉅子希爾頓曾說：「我寧願住進只有舊地毯，卻處處可見微笑的小旅館，也不願走進一個擁有一流設備，卻見不到微笑的大飯店。」希爾頓就是靠微笑發大財的。當初希爾頓投資五千美元開辦了第一家旅館後，就靠著「你今天對顧客微笑了沒有？」的名言，給他帶來了巨大的利潤，現今已發展到世界五大洲二百多家連鎖旅館，總資產幾百億美元。

微笑是人和人相處最好的一種表達方式

　　微笑是最美的語言。商場名人有言：「在當今商場上同品質、同價位的激烈競爭中，只有微笑是最有效的銷售手段和樹立品牌形象的有力武器」。古詩也曾寫到：「一雙笑靨才回面，十萬精兵盡倒戈。」可見微笑的神奇魅力。

　　所以在職場上親切與微笑是絕對必要的。俗話說：「人無笑臉莫開店」，而外國人說得更直接：「有微笑則近財富，沒有微笑，財富將遠離你！」

　　「微笑，是人際交往的基本通行證」，我們不可能會拒絕一個真心向你微笑的人。只要我們把微笑變成一種真誠的工作態度，並融入行銷運作中，就一定可以帶來更多的商機和利益。

　　音樂劇《安妮》（*Annie*）中有一首歌 "You're never fully dressed without a smile!"，說的就是無論一個人打扮怎麼美，穿著怎樣漂亮，如果臉上沒有笑容的話就等於沒有打扮好。

　　現摘錄部分歌詞如下：

Who cares what they're wearing 沒人管你穿什麼

From Main street, to Saville Row 無論在大街在小巷

It's what you wear from ear to ear 重要的是你左耳與右耳之間

And not from head to toe 而不是從頭到腳的裝扮

So, Senator, so, Janitor, So long for a while 所以無論身分高或低

Remember, you're never fully dressed without a smile!

切記，臉上沒笑容一切裝扮都白費！

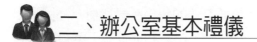

二、辦公室基本禮儀

(一)職場穿著

　　既然是工作，那麼服裝就是一項基本的要求了。當然，公司屬性不同可能會有不同的穿著期許，例如網路業大紅大紫之際，美國矽谷之科技人標準服裝就是一件T-shirt外加一條牛仔褲（或是休閒褲），但是當網路一夕變天泡沫化後，這些身著大學生服裝的過氣新貴也就不得不重新接受社會規範，再度穿起西裝打起領帶了。所以乾淨的襯衫、領帶、長褲及皮鞋應該是最基本的要求了。女性則力求大方整潔，千萬勿暴露煽情或隨便，當然亦不可每天牛仔褲一條數十年如一日，穿著得體應該是最佳指導原則。

(二)辦公室語言

　　眾人皆知說長論短是辦公室忌諱，但是除此之外，私事過多、言語冷漠乏味、肢體語言誇張、言不及義等也是令人心中生厭的，其中又以打情罵俏、亂開黃腔為最。任何一個有制度的公司都不會准許職員有上述這些不像樣的舉止。

(三)同事間打招呼

　　曾經有一家公司的總經理為了員工之間的冷漠以對、鮮有互動而大傷腦筋，經過幾次會議討論後覺得：「都是制度惹的禍」，由於公

司屬行新的責任制，造成部門互推責任，互踢皮球，有些人拿著雞毛當令箭；有些又是一切「依法辦理」，產生了新的官僚。

同事間打招呼是最基本的禮儀

其實，這並非是絕對之起因，同事間打招呼本是最自然不過的事了，大家都是為了公事，一切討論只是為求最佳之結果而已。若有人對其他同事冷漠以對，或是如隱形人般視而不見，這是其個人修養問題，但公司或主管若再不要求就會造成變本加厲的現象。筆者當主管時也曾發生類似狀況，經過與對方主管溝通後，舉辦了一次兩個部門的聚餐會，然後煞有介事的重新介紹早已相識的員工，大家強忍著笑仍然配合演出，從此以後再也沒有冷漠的情形了。

(四)節省公司資源

有一種員工是最令老闆恨之入骨的，那就是浪費公司資源者。所謂浪費就是指能省不省，不該用卻用。如亂打私人長途（手機）電話、私自擅用傳真機、Copy時錯紙一疊。其他小如白板筆帽沒蓋好導致無法使用、動作粗魯損壞一堆公司器材、電燈或冷氣該關不關造成無謂的浪費等。等到公司哪天要裁員時，你猜老闆會先裁誰？所以最佳節省之道就是將心比心，在公司如在家中，小心使用，能省則省。

(五)商務機密

以前的公司不知「商務機密」的意義，現在科技發達，公司的小事，都可能變成競爭對手悉心收集的蛛絲馬跡，藉以研判分析。因此幾乎所有公司都有極其嚴密的防範措施，避免資料外洩。所以現代商務機密最可能外流之管道反而都是一不小心，也因此在辦公室以外絕對不談論公司之事，無論人事、技術、瓶頸、客戶、營業額等均應絕對避免。

(六)公共設備

有不少公司位於商業區或科技園區，由於人數不是很多，所以都是兩家或是數家公司共用洗手間、茶水間等設施。此時應顧慮公司以外他人之使用權，如洗手間使用後沖水，保持清潔；茶水間應保持乾淨隨時清理，以免下一位使用者皺眉；禁菸場所如樓梯間、電梯旁等應勿吸菸。注意公德心之發揮，敬人者人恆敬之。

(七)保持安靜

不論是上班還是下班時間，均應保持適當之音量，切忌大呼小叫旁若無人。在洗手間內、茶水間內，以及樓梯、電梯內均需注意。同事打招呼或是聊天尤應注意，不要影響他人的工作情緒，高聲談笑是粗魯的行為，是大家都厭惡的。

三、電話之禮儀

電話是人類有史以來使用最頻繁的通訊設備，不但聯絡了人類的情感，促進彼此的交流，也是目前社會上不可或缺的生活必需品。雖然電話已發明多年，普及率又是如此之高，但是仍然有不少人不太懂得電話的基本禮貌，所以也可以這麼說，只要聽聽電話的交談內容，即可以判斷一個人的教養水準以及社會化的程度。各大企業、公司，尤其是服務業，電話更可以說是業務的生命線，因為有相當多的客戶都是以接電話者的態度來判斷這家公司值得信賴的程度。

許多客戶以接電話者的態度來判斷這家公司是否值得信賴

(一)電話鈴響

接電話時不要讓電話鈴響太久，有些公司硬性規定，電話鈴聲超過三聲以上未接就屬失職，將遭嚴厲訓斥。

(二)首先報上自己姓名或是部門

拿起電話後，首先報上自己的部門或是姓名，以便電話的另一

端知道此時是誰在聽電話。如果電話是直接接到，則要先報上公司名稱，讓對方知道電話打對了，若經由總機轉至部門則沒有必要再報一次公司名稱，否則對方可能會一陣疑惑，此時報上部門名稱或自己的姓名即可。

在電話中稱呼自己時，千萬不可以將自己的頭銜加上，如董事長、總經理，甚至是先生、小姐等，因為這些頭銜都是社會上的尊稱。但是在國內卻經常可以聽見：「你好！我是李小姐，我想要找XXX先生聽電話……」或是「喂，我是張董事長，請幫我轉○○○……」等說法，一般人多見怪不怪，積非成是，稍微有點Sense的人可能為之驚訝不已，別說是董事長、總經理、立委、議員，其實先生、小姐亦屬尊稱，不宜自稱。

正確的說法應是：「我是陳建國，請幫我轉XXX。」

接電話的人若是認識來電者則自然應以尊稱稱呼，如：「喔，陳校長您好，請稍後……。」

不相信的話，請問你何時聽見素有台灣經營之神尊稱的王永慶說過：「各位朋友大家好，我是王董事長……。」

(三)電話中的聲音

說電話的聲音應適中，愉快中帶有極願意與對方交談的意思，任何人都希望電話的彼端傳過來愉快、親切的聲音，若聽到的是心不甘情不願、音調低沉、公事

通電話時音調須適中並注意基本禮貌

性的回答，心情一定不會好。如不少公司員工在電話中常有：「喂，找誰？你哪裡？等會兒！……」等相當鄙俗的情形。

(四)注意基本禮貌

多用「請」、「謝謝」、「麻煩你」等字眼，少用命令句。語氣最好盡量婉轉，一方面顯示你的個人水準，一方面讓聽的人樂意為你服務。國內有不少公司，電話接得亂七八糟，常常可以聽見員工滿腔不耐地回答來電：「你哪裡啊？他不在，你待會再打！」連一句：「請問哪裡找？要不要留話？」都不會說，讓打電話的人一聽就後悔打了這通電話，更別說是下次再打了。

(五)代為留下訊息

若對方要找的人目前不在場，則可以代為留下訊息，以便其人返回時可以回電。訊息務必留清楚，對方姓名、電話號碼、目的以及來電時間等，最好都記載清楚。一般來說，在對方來電二十四小時內必須回電方才妥當，因為不回覆來電等於是讓對方罰站等待與你交談一般，非常不禮貌。

(六)插播電話

若正在通話中又有另一通插播電話時，應先請第一通談話者暫時等待，然後告知第二通來電者現

若對方要找的人不在，可以代為留下訊息

在正與人通話中，可否待會談完之後再覆電給他，然後再繼續與有優先權的第一通電話交談。當然若是後來的電話非常重要，或是你不太想和前一通的人繼續交談，則可以相反的順序為之，並不失禮。

(七)打錯電話時

不必生氣，不可口不擇言，有時可能不是對方的錯。只需告知「Sorry, wrong number！」即可。而打電話來的人若心中懷疑，也可以先詢問對方是否是自己撥通的電話號碼，若不對，應道歉然後掛斷，不可以粗魯地反問對方：「喂！你的電話號碼幾號？」

(八)長話短說

盡量精簡內容，以達到簡明扼要之程度，無論在家中或是辦公室，一直占著電話線總是不妥當的，若真的有那麼多的事要談，為什麼不約出來見面一敘？

(九)臨時有人到訪

電話交談中，若有人來訪，則當然以造訪者為優先，你可以告訴對方目前正有客人，不方便與對方久談，可以留下對方姓名、電話後再行覆電即可，但可別忘記回電。

(十)避免干擾他人

打電話時請注意個人作息之習慣，避免干擾他人生活，如午休時間、下班以後、假日私人時間等。若是打國際電話，也必須注意時差

問題，如美國西岸跟台北時差就達十二個小時以上，所以最好選擇一個對方適合的時間較佳，否則可以傳眞或E-mail代替之。

(十一)行動電話

行動電話在近年來非常流行，是一種非常實用的通話工具，但在使用時請注意身處之場合，如在公共場所，像是地下鐵、巴士等地時，可能由於人聲嘈雜或是收訊不良，不自覺地就會愈說愈大聲，以致旁邊的乘客耳朵都遭受無妄之災，可憐的他們不得不強迫自己聽一個不相干的人談他的公事、私事、無聊事！所以若是眞的收聽不清楚時，可告知對方你待會兒再回電，別一直人聲嚷嚷：「喂？喂？你聽得到我嗎？……」

台灣的行動電話門號已超過兩千萬個，持機率是亞洲第一，相信在全世界也應名列前茅。持機率愈高，代表這個國家在物質生活上愈優渥，但這就表示這個國家愈文明嗎？

在台灣，行動電話的使用已接近氾濫，除了法律規定不得在飛機上及開車時打電話外，電影院、音樂廳、餐廳、會議場所、演講會中，隨時可以聽見電話響。這種文明社會所不能接受的粗魯行爲，在台灣卻早已見怪不怪。

看電影時請關閉手機，不要影響別人

　　英美等國家的許多地方如高級餐廳、展覽中心、美術館、博物館等，均有明文規定禁止使用手機，甚至連國會殿堂都有規定根本就不准議員帶手機進入議場內。反觀我們社會善者有之，不善者亦眾，離文明境界恐怕還有一段距離！

(十二)禁用手執聽筒

　　開車時禁用手執聽筒通話（可用耳機式），在許多國家已變成法律了，違者將受重罰，若是臨時接到電話又無耳機時，也請先靠路邊暫停以便通話，不要一面談話一面開車，如此非常危險，因為你會不自覺地放慢車速，影響後方車輛的行車速度及安全。

四、商務介紹之禮儀

　　本書前面曾提到，社交場合與商務場合之禮儀中經常產生矛盾與困惑，固然女性在社交禮儀中一向享特殊與尊榮的地位，這是一種由來以久的崇她習慣，男性競相表現風度，造成了西方世界社會上極為尊重女性之禮儀，但是在公務場合或是商務場合則又另當別論，因為此時「倫理」當然是凌駕於禮貌之上的。

(一)商務場合中：永遠是客戶主管優先

　　商務場合中，如果客戶是男性，而負責接待者是女性的話，崇她的標準禮儀是否仍然適用呢？答案是不一定，如果客戶是來自西方社會，又擁有良好之教養者，有些可能仍然會比照社交禮儀來遵行，因為他已養成了習慣，根深柢固了。但是一般來說，在商務場合並不強

調「女士優先」，而是將重點放在「客戶優先」、「長官優先」上。

也因此，雖然女性本身性別並未改變，但是在商務場合中，女性之角色應該轉變為「中性」，所謂中性，也就是非男性亦非女性，只是公司之一位職員，性別已無關係，應該做的事是公事，也就是公司交辦之事，如扮演好會議中之角色，妥善接待公司之客戶，產品說明之主講者等等，不論男性、女性，均不重要，只要把該做的事做好，該演的角色盡責演出即可。

(二)商務禮儀中之優先順序

再來我們談到社交禮儀中非常重要的優先順序。在社交場合中，無論是座位、介紹順序、離到場順序均有一定的規則可循，如果沒有依此一約定俗成之方式執行，一定會引起極大之爭議與不快，但是在商務場合情形又不一樣了。

在社交禮儀中我們一向以參與者之社會地位、年齡、與主人之關係、性別等當作優先順序的重要參考指標，然後據此來安排所有事情。但是在商務禮儀中我們不得不提起「公司倫理」與「客戶優先」這兩種觀念。

在公司內部中，自然一切均以參與者在公司中之職位來訂定順序，其順序一定是董事長（CEO）→總經理→一級主管→二級主管→三級主管→一般職員→行政支援人員等，絕不可能因為個人之年齡、性別、社會地位等而改變。例如，一個年齡很大即將退休的小職員，無論其年齡多長、年資多久，總是不可能在排序時超過其主管的，儘管其主管可能是一個剛剛才由學校畢業的年輕小夥子。

另外，如公司裡的警衛人員，雖然其任職前已在軍隊中擔任上校團長此一高階軍官，但是在公司中他只是一名基層警衛，遇見其上司，可能之前服役時是一名二等兵，一切也均須採以下對上的禮儀

對待之，否則待不了多久一定會走路的。以上所說的就是「公司倫理」，也就是一切以個人之職位及所主管之事務決定其在公司內之應有地位。

另外說到「客戶優先」。當我們與一位或幾位客戶在商業場合相處時，自然而然會表現出客戶優先的情形，公司在新進員工社會化的過程中早已灌輸所有員工此一觀念，所以無論在與客戶用餐、接待、引導參觀、解釋說明、休閒娛樂、球敘等時，一定會將客戶置於首位，儘量以尊榮客戶、滿足客戶所有需求為基本要求，英語中有一句話十分適合「客戶優先」這一觀念，那就是：Your wish is my command! 我們不妨也用這一句話來為商務禮儀之定義作一闡明吧！

一般而言，介紹彼此認識的正式場合有：重要慶典、拜會、展覽會、商務會議、座談會、講演會、新產品發表會等比較嚴肅而正式的場合。下面是一些基本的介紹方式，只要照著去做，大多都錯不了。

◆女士優先

雖然商務場合中我們十分強調「中性」，也就是女性在商務場合中應以在公司地位以及主客之關係而調整，但是若在商務之餘的輕鬆場合時，則必須瞭解西洋人非常重視女性的社會地位，例如有一位女士進入聚會場所時，在場的所有男士（小男孩例外）均必須起立表示尊重，待這位女士就座後，眾男士方可復坐，但這只限第一次進入時，她之後的進進出出男士則可以免起立。至於在場的其他女士僅須點頭微笑即可，因為女性與女性是平等的，除非進來的是一位年齡明顯長了許多的老太太，如果進來者只是一位比在場的女士大了幾歲者，則在場女士也不宜起身，否則會讓初來者感覺自己似乎已經有一大把年紀的尷尬。

◆VIP級的人物

另外一種情形就是當一位社會地位很重要的人士進場時，禮貌上在場所有人不論男女都須起身表示尊敬，例如大會主席、市長、頗負盛名之貴賓等公認為VIP級的人物，都可算在內。

當**VIP**級人士進場時，在場所有人不論男女都應起身表示尊敬

◆介紹之先後順序

記住：永遠把社會地位較低的人介紹給地位較高的人。當然這一點有時會不容易判斷，到底是誰地位比較重要？如果地位差不多時，則以年齡來決定總是不會錯的，若不，則以「女先男後」之性別來判別亦是可行的。

◆年齡之長幼

把年齡較輕的人介紹給年長者，正如前述，年齡在一般社交場合是一項介紹與被介紹的重要指標。其實要弄清楚介紹的優先順序一點也不難，比較難堪的是怕你一不小心說溜了嘴，要避免這種尷尬情形發生的最佳方式就是：記住先稱呼重要者的頭銜以及姓氏。例如：「李董，這是我們公司的PM—Steve林」或「張老闆，這位是南方科技的王經理」，如此就不會犯錯了，所以請記住：地位較高者、重要人物、年紀長者的名字要先說出來。

◆忘記對方姓名時

有時當你向他人介紹朋友，可能會有突然忘記對方姓名的尷尬情形發生，此時你已不能回頭，也無法掩飾，那麼最好的方法就是自我調侃一下，如：「唉！我最近怎麼老是腦筋不清不楚，不過如果兩位不介意的話，能否自我認識一下？」

◆自我介紹時

若無適當的人當橋樑向他人介紹自己時，亦不妨自行將自己介紹給他人認識。但要記得的是，不要打斷他人的談話，在介紹時也須愉悅地把自己的姓名以及與主人的關係向他人介紹清楚。

◆第一印象往往是最重要的短短八秒鐘

以介紹為橋樑，與他人建構起友誼之鏈，從而豐富雙方的人生，擴大一己之視野，但在介紹之初務必在他人心中留下深刻及良好的印象，以為日後再度相逢埋下良好契機，因此介紹場合之禮儀確實不可輕忽。

據說，陌生人第一次見面，對對方的第一印象僅由短短的八秒鐘就決定了。人生是由幾億個八秒鐘組成，但你的命運卻決定於那為數不多的幾個八秒裡。因為現在是第一印象時代，印象就是形象，形象就是影響有影響力的人。而第一印象會直接決定你是否成功。

五、交換名片之禮儀

名片的主要功能在於交往時作為自我介紹之用，也可作為簡單的禮節性通信往來，表示祝賀、感謝、介紹、辭行、慰問、弔唁等。可以在名片上寫簡短的話，如「承蒙祝賀春節，謹致謝意」。

社交名片主要用在各種非正式宴會、舞會、茶會等聚會的請柬和回帖。祝賀或勸慰之辭，也常常寫在名片上寄送給親友。介紹友人相識或托人取物，也常以名片作為簡單的介紹信。此外，送禮時也常被夾在禮品中，既簡單又很體面。

公務名片或職業名片一般不宜用於社交，但形式上它與社交名片的用途相類似。當為企業或本單位的公事去訪問另一家公司、機關、商號、客戶或將來的客戶時，常要攜帶並使用這種名片。這種名片與社交名片所不同的是：除了姓名、地址、電話號碼外，還應把使用者的單位名稱、所擔任的職務及職稱等都印在名片上，以求明瞭。

案例

名片折角

國外有一種做法，即將名片的左上角向下折，然後再回復到原來的位置，它表示的是該名片係本人親自送交的。在名片上可加下列縮略語：如p.f.表示謹賀、p.f.n.a.表示恭賀新年、p.c.表示悼念、p.f.c.表示結識、p.p.表示介紹朋友、p.p.c.表示告別、p.r.表示致謝。

如何交換名片？

名片其實有兩種，一種叫Name Card，就是一般有個人姓名、地址、電話等的名片，這種名片多用在私人場合，也就是與公事無關的場合。另外一種叫Business Card，除了上面有個人姓名、地址、電話等資訊外，一般也會有公司名稱、部門、職務及頭銜，當然網站及E-mail也都少不了，有些甚至還有公司的宣傳用語或是公司產

品等字樣。

　　國內有不少人的Business Card上居然看不見部門、職務及頭銜（尤其是小企業的負責人），這是很不可思議的！如此與人交換名片時對方將不知如何尊稱你，甚至不確定他是否找對了會談對象。

　　一樣依上述優先順序，被介紹者應先出示名片與對方交換，交換名片不需用雙手，只用一手即可。一般西洋人都是單手傳遞或交換物品，如信件、文件夾、小型物品等，只要是一手就能完成的事就沒必要用兩隻手，因為兩隻手奉上名片在外國人眼中看起來是十分笨拙的。國人以雙手表示尊敬，在國外時則可免矣。接過對方名片後，理應端詳一陣子後再收入自己的名片匣內，千萬不要隨手放在褲子口袋一塞了事，這會讓對方有不被尊重的感覺。更有甚者，接過對方名片後，會一面說話一面不自覺地以手玩弄對方的名片，這是極為不尊重對方之行為，千萬注意避免。

　　如果名片剛好用完，一定要加以懇切解釋，言明實情，並表示第二天就會補上，敬請對方原諒等等。不過這種情形在一般社交場合尚可原諒，但若是在正式場合則是非常失禮的，因為名片只可多帶備用，絕不可只帶幾張就前去赴會，若對方是客戶則會讓他覺得你似乎不太重視這次會面。

交換名片時只用一手即可

六、稱呼之禮儀

稱呼他人為一門極為重要的學問，若稱呼得不得當，很容易讓他人產生立即的反感，甚至嫉恨在心，久久無法釋懷。

(一)認識者之稱呼

對於自己已經認識的人多以Mr.、Ms.或Mrs.等加在姓氏之前稱呼，如Mr. Chang、Ms. Tseng、Mrs. Huang等，千萬不可以名代姓，例如美國國父喬治‧華盛頓，人們一定稱之為華盛頓總統、華盛頓先生，因為這是他的姓，如果稱他為喬治先生，保證震驚全場，因為只有以前的奴隸才會如此稱呼主人的，此點國人常常弄不清楚，所以也讓別人驚訝連連。

(二)重要人士之稱呼

對於重要人物最好加上他的頭銜，如校長、大使、參議員、教授、醫生、律師、將軍等，以示尊重。當然也如前述是以頭銜之後加上其人之全名或姓氏稱呼之，千萬別接上名字。

一般而言，有三種人在名片上和頭銜上是終身適用的，這三種人是：大使（Ambassador）、博士（Doctor）以及公侯伯子男等皇室貴族身分。在稱呼他們時一定要加頭銜，否則十分不敬，甚至視為蓄意羞辱，所以務必謹慎小心。

(三)不認識者之稱呼

可以Mr. Madam稱呼之，有不少國人一見外國人就稱為Sir，這是不對的，只有對看起來明顯年長者，或是雖不知其姓名但顯然是十分重要的人士方才適用。當然，面對正在執行公務的官員、警員等，也可以Sir稱呼表示尊敬。而相對於女士則一律以Madam（或是Ms.）稱呼之，不論她是否已婚。

對於年輕男孩可以稱之為Young man，年輕女孩則稱為Young lady，小孩子可以暱稱為Kid(s)，而比較禮貌的稱呼為Master，在此Master並非主人之意，有點類似國語的「小王子」之稱呼法。

案例

Ms.的由來

1970年代，美國女權主義者為了解決女性稱謂的困擾而發明了Ms.這個字。

在西方，按傳統婚前女性被稱為Miss，婚後則稱為Mrs.，婚後女性要隨夫姓。女權主義者呼籲女性婚後要保留自己的姓氏，拒絕使用傳統的女性稱謂。具體而言，女權主義者基於四個主要理由反對這些命名方式：

1.Mrs.、Miss與Mr.不能等同，男性並沒有因為婚姻狀況被貼上標籤，而這些稱謂卻是依據女性依附於男性的關係而加上的。

2.這些稱謂把婦女當作物品，給婦女貼上已婚或單身標籤。

3.女性必須接受他人所施加的身分，女性只有透過與男性的婚姻

關係才可確立社會身分。

4.對女性的這種命名方式表明了男性對語言的控制，限制了婦女公開說話者的權利。

對此新發明的女性稱謂Ms.似乎是最完美的解決途徑，它使得女性無需表明其婚姻狀況就能直接獲得稱謂，從而宣示了婦女獨立的社會地位。

稱呼自己叫做自稱，一般多用謙稱；稱呼別人則應該用尊稱。頭銜則是稱呼別人必須注意的禮貌。但是自稱時萬萬不可使用尊稱，否則就會鬧笑話了，以下所述即是一例。

有一次友邦元首來訪，有一位地方級民意代表因為粗魯無禮而使該元首受窘，事後竟然當眾對著媒體辯稱：「本席」其實是出於好意……云云。一位地方民意代表竟在議會以外自稱「本席」實在是極大的笑話。

(四)錯誤的稱呼

在辦公室裡電話會談中，常常可以聽見「你好，我是XX公司的李小姐……」，或是「我是XX公司的張先生，我要找○○○……」，更有甚者「Hello，我是王經理，請你幫我找……」等相當錯誤的自我稱呼。

正確的稱呼應是：「XX，我是王建國，請你幫我找……」，對方聞言應會回答：「王經理你好，我馬上會……」；或是「我是XX公司的張小鈴，我要找○○○……」，對方聞言應會回答：「張小姐，妳好，我等會兒……」。

　　以上才是比較妥當的自稱方式。所以今後不可再以「先生」、
「小姐」、「經理」、「總經理」等自稱了。

　　只有一種情形例外，那就是軍中，因為軍中屬於階級嚴格劃分之
特定團體，所有人員一律以職稱自稱以及稱呼其他人，因此並無謙稱
及尊稱之問題。

第七章

會議及簡報禮儀

- 正式會議規則
- 會議中之禮儀
- 如何做簡報?
- 簡報禮儀及技巧

　　常言道：「會無好會」。本章主要討論的是商場上必須要知道的會議基本禮儀與流程，包括正式會議規則、公司內部會議以及高效率會議的規則，讓我們瞭解會議的功能與效用，從而可以學習到如何開會、如何利用會議解決問題等等。此外，也涉及目前相當流行的簡報，讓我們瞭解簡報禮儀及相關技巧，從而使我們成為一位優秀的簡報者，利用精彩的簡報達到說服他人的目的。

一、正式會議規則

(一)正式會議的精神與目的

　　首先我們談的是會議的精神與目的。在民主社會中，集合眾人的經驗以及智慧，以最好的方案解決面臨之問題，所以所有與會人員理應儘量發言，表達看法與立場才是，如果參加者只是志在參加，不發表意見，也不參與討論，則勢必影響其他參與者之表現，使得會議只剩會而無議了，可惜國人從小的教育就是稟持「少說少錯」的心態，在會議中始終保持沉默者有之，閉目養神者有之，似乎只是列席而非與會，常常一個會議開得冷冷清清，只剩主席以及少數人支撐全場，即使有人提議，也多是無異議通過，會議流於

「積極討論」是會議的重要精神

宣達政令與公布事項而已，完全喪失了會議重要的精神——積極討論。

(二)Devil's Advocate（魔鬼代言人）

說到討論，就不得不提出西方會議中一項重要的經常方式，就是Devil's Advocate，所謂Devil's Advocate就是在會議開始時，由其中一人志願擔任此一角色，如果沒人志願，也可以由主席指定，這位仁兄的任務乃在會議進行時，想盡辦法與發言人唱反調，不斷質疑他人之提議與解決方案，有時甚至會達到近乎嚴苛之地步，被質疑者也多會就事論事，勉力以答，因為他們深知，此一角色之存在就是希望在決議前能夠考慮周詳，以免一旦決議已成，更改極難，所以不斷地挑戰他人之看法與立場，無異是促使議案的動機與目的之三思，施行方法則被雞蛋裡挑骨頭。我國國民對此法定「唱黑臉」方式相當陌生，在會議中如果不明究理，一定會驚訝得手足無措，無以名狀。

案例

我曾經在一次重要會議中志願扮演Devil's Advocate之角色，雖然事先言明對事不對人，只是為了公司推出之產品能夠完美無瑕，禁得起市場之考驗，但是當我一再以尖銳的方式質詢他人時，仍然遭到不少人之白眼與怒氣，雖然我再次說明與解釋，但似乎仍然得不到他們的諒解。不過，這種方式是成功的，因為就在會議後，有些產品被主動撤回，延遲推出市場。我並不會與這些人計較，因為我已成功的扮演了Devil's Advocate的角色，而他們也只是不習慣如此之會議方式罷了。

(三)西方社會會議精神

西方社會會議精神表現之處即在於討論，他們認為凡事只有經過眾人詳細、反覆且正反兩面之討論，才能讓大家看清楚事情之本質，看清楚事件之本質方得以思考出最佳之解決方案，尤其是比較重大之議題時更是如此，所以在討論時一般都約定俗成的會有一些自然的規則，說明如下：

◆一次一事原則

也就是在討論某一議題時，應該針對此一議題提出直接的討論，當然，若與議題相關，也可以提出其他之看法，但是，不允許提出與該議題完全無關之討論，例如一議題之內容為是否捐款給公益團體時，有人卻提出年費似乎太高，應該予以降低等完全不相關之事，此時主席應發揮功能予以制止其發言。

◆議題須經充分討論

也就是保護發言人之言論自由，只要合乎議題者之發言，在法定時間內（一般多會有三至五分鐘之規定發言時間，超過者即必須立即停止發言），可以暢所欲言而不受其他意見相左者之干擾，以期每一位發言者之言論內容可以充分表達，以便讓其他人在做決定時可以擁有更充分的資訊。

◆尊重少數

「尊重少數」，相信大家均耳熟能詳了，但是尊重少數不只是口頭說說而已，其真正精神即在於讓會議上之少數意見，能夠利用會議時合法之方式不斷地表達自己的意見，讓主流意見者能再思考自己之決定是否真的正確，有些議會則會給予討論、辯論、公聽會等方式，

給予少數意見支持者更多的機會，以符合民主精神，這其中又以英國國會之「分裂表決」最為有趣。

　　難道英國人不知道按鈕與舉手、起身等之表決一樣正確且更加方便有效率嗎？當然不！事實上，英國此一老牌民主國家之所以會這樣做，其用意即在於讓表決者在由座位上起身，走向左右兩間之任一間房間時能夠有更多一點時間來思考：我的決定對嗎？我真的決定如此嗎？據說有些人走著走著，就向另一房間走了進去。這也可以說是尊重少數的一種方式。

分裂表決

　　英國國會在會議表決時，若遇有重大議題即將表決時，是可以採用「分裂表決」的，所謂分裂表決不是像一般選舉時之按鈕、舉手、起立等如此簡單方便之表決方式，而是讓有投票資格者起身，走向議場旁一左一右的兩個房間內，然後再由雙方各派身高較高之人手負責統計對方之人數，統計完成後眾人方才回座。

◆服從多數

　　不用說，這是民主精神之表徵，少數之理由再充分，建議再好，人選再佳，但是只要表決之結果一宣布，就必須採用多數決，就算只是多一票，眾人也須服從，而且不但只是服從，更必須加以擁護支持，要把該表決之結果當成自己所提出一般，當然能夠做到不抵制就已經不容易，說到真心支持，大多數人還是很難表裡一致的。

(四)會議時的國際語言

在正式國際會議或是與一般商務會議時，應一律使用英文，不但是用英語，而且必須用正確的會議用語，否則不但溝通不良，連帶會使他人懷疑你是否曾經參加過國際會議。

案例

曾經有某一亞洲國家之外交官在會議上用英語發表演說，但是由於他的英文實在太差，所以其他人就消遣他：請說國際語言──英文，不要說法文，該外交官則高聲力辯：I am speaking English！語畢，引起眾人一陣訕笑。接著又有人說道：就算你說的是英文，那至少你在發言時也應該站著說話才對吧！此時這位外交官又大聲爭辯道：I am standing. 原來是因為他身材矮小，讓人難以分辨之故啊！

(五)"Robert's Rules of Order"與會議之規則

目前在世界上最流行的議事規則應非Robert's Rules莫屬了，所謂Robert's Rules就是在西元1876年由一位美國西點軍校畢業之高材生花了三十年的時間出版了一本書，書名為*Rules of Order*，事實上，Robert並非法律方面的專家，他攻讀的是工程學，美國境內有很多重大的工程均是由他所計畫並完成的，其中有不少工程雖經相當歲月目前仍然狀況良好。

由於他經常參與不同單位之會議，而當時每個地方的會議規則極不相同，使他無所適從且倍感困擾，於是他綜合各個地方會議規則

之優點，重新依最佳之規律加以整理訂定，以期使會議達到最佳之效率，且最符合民主之程序。

　　沒有想到此書一出，造成全國極大的轟動，一時洛陽紙貴。原來當時美國各地會議各有各的規則，其中有些甚至完全沒有規律，大多數的會議開得是一場混亂，又常常有激烈爭吵甚至暴力行為的事發生，擔任主席者苦不堪言，其他與會者也一樣痛苦又無奈，所以等這本《會議規則》一出，各地無不奉為會議聖經，幾乎所有較正式一點的會議都依此規則進行。

　　這種情形未因時間的關係而逐漸淡化，反而由於美國之國勢日強，而將此一會議之規則迅速推展至世界其他國家，所以如果有人問：哪一種會議規則是目前世上最通行者？諸君應該知道答案了吧！

案例

投票表決之由來

　　在會議中，為了清楚表達個人之意見，在經過討論、辯論之後，最後一定會來到表決。事實上，表決之舉是源自古代。根據記載，在古希臘時期，每遇有重大事件，所有公民均可參與公開之辯論會，最後再依據個人之決定投下贊成或是反對票，而主其事者也必須依大眾之多數決定來依循執事，不過當初並沒有選票，人們所投之票其實是貝殼，一人發一個小貝殼，然後依正反兩方意思分別投在容器中，最後待所有人均投完票後再由工作人員計算兩個容器中的貝殼數，然後宣布結果。希臘人每遇重大事件時一定會依此進行投票，其中最有名的就是判定某一人犯了罪，是否應該逐出國家，這也就是相當著名的「貝殼流放制度」。

羅馬帝國延續希臘城邦之投票傳統，不過選票已由貝殼改為小圓球，分為黑白兩色，白色代表贊成，黑色表示反對，最後依黑白球之分別總數決定勝負，我們今天稱投票為Ballot其實就是義大利文「小圓球」之意。

投票除了可以用球來表示外，在一些鄉下地方由於物資較缺乏，所以也可以用其他隨手可得的東西來代替，如美國鄉村投票時常常用黃豆、玉米顆粒等來代替即是一例。

二、會議中之禮儀

請你回顧一下自己的工作狀態，除了在自己工作上的時間、電話溝通的時間會多一些，還有哪種溝通方式多一些？應該就是會議溝通。下面我們來談談會議當中應該注意哪些禮儀。

按與會人員來分類，會議基本上可以簡單地分成公司內部會議和公司外部會議。內部會議包括定期的工作週例會、月例會、年終的總結會、表彰會以及計畫會等；公司外部會議，可以分成產品發布會、研討會、座談會等等。

(一)公司內部會議

內部會議中需要關注的細節有：

◆會前準備

可能是部門內部會議，也可能是跨部門會議，例如一項新產品即

將Launch to the market時，一定會有好幾次的跨部門會議，業務部、企劃部、財務部、研發部、工程部、公關部等均少不了。因此會議籌辦者必須確實瞭解哪些部門的哪些人一定要出席或是列席，如果有人出差或是臨時有要事無法出席時應找何人替補。

其次，決定開會之日期及時間。再來就是會議之地點，有些公司有好幾個會議室，確定開會人數後再決定會議地點，太大太小均應避免，方便性（對所有參加者而言）與不受打擾也須列入考慮。

再下來就是會議內容，也就是議程了。議程是會議之精華所在，務必安排順暢妥當，而且必須合理。議程時間之分配也須妥善，如果沒有把握，不妨與各參與部門事先討論。如果有安排午餐或是茶點，也必須在議程上明確列出。

◆開會通知

一切準備完成後，就是開會通知了。一般公司至少都會在七天之前通知所有與會者，如果大型或是十分重要的會更是會提早通知大家以便準備。在國外幾乎所有參加者都是有備而來，務必希望在有限的時間內充分完整地表達己見。當然，像許多台灣中小企業的老闆開會常是興之所至，自己閒閒沒事做，臨時召集人馬開個會是很常見的。更有甚者還會將休假中之員工召回，然後開個員工聽訓似的無聊會議以便展示頭家之權威。

中外會議最大之不同是：外國會議之目的在「解決問題」，能夠十分鐘開完的會就不會拖到十一分鐘；國人會議則多屬「宣達上令」，說明政策、方向等，時間一般都相當長，因此有人戲稱：本公司什麼都缺，就是不缺會議，從早開到晚，週一開到週五……。

◆再確定

發完開會通知後，相關部門多會在開會的前一、兩天再度與參與

者確定，確定他們知道會議之時間、地點及與會。

◆**場地、器材檢查**

會議前務必再次檢查所有相關器材，尤其是會議室之前有其他人使用過後。仔細檢查空調、麥克風、投影機、白板筆、雷射筆、Notebook等，如果有問題可立即解決。此外，桌椅及地板之清潔亦須一併注意。

◆**會議記錄**

會議前一定會指派專人擔任記錄，該人職司簡捷記錄會議中之各項發言與決議，並在會議結束後將會議紀錄提供給每人參考並簽名確認之，以為下一次會議之依據。

商務會議通則

1. 發言時不可長篇大論，滔滔不絕（原則上以三分鐘為限）。
2. 不可從頭到尾沉默到底。
3. 不可取用不正確的資料。
4. 不要盡談些期待性的預測。
5. 不可做人身攻擊。
6. 不可打斷他人的發言。
7. 不可不懂裝懂，胡言亂語。
8. 不要談到抽象論或觀念論。
9. 不可對發言者吹毛求疵。
10. 不要中途離席。

(二)公司外部會議

我們以外部會議為例，談談商務禮儀中需要關注的一些細節。我們將會議分成會議前、會議中、會議後。

◆會議前

在會議前的準備工作中，我們需要注意以下這幾方面：

1. When（會議開始時間、持續時間）：你要告訴所有的與會人員，會議開始的時間和要進行多長時間。這樣能夠讓參加會議的人員事前安排好自己的工作。
2. Where（會議地點確認）：會議在什麼地點進行，會議室的布置是不是適合這個會議的進行。
3. Who（會議出席人）：以外部客戶參加的公司外部會議為例，會議有哪些人物來參加，公司這邊誰來出席，是不是已經請到了適合的嘉賓來出席這個會議。
4. What（會議議題）：亦即要討論哪些問題。
5. Others（接送服務、會議設備及資料、公司紀念品等）：會議物品的準備，就是根據這次會議的類型、目的，需要哪些物品，比如紙、筆、筆記本、投影機等等，還有是不是需要用咖啡、小點心等。

◆會議中

在會議進行當中，我們需要注意以下這幾方面：

1. 會議主持人：主持會議要注意介紹與會人員、控制會議進程、避免跑題或議而不決、控制會議時間等。

2.會議座次的安排：一般情況下，會議座次的安排分成「方桌會議」和「圓桌會議」。通常會議室中是長方形的桌子，包括橢圓形，就是所謂的方桌會議，

方桌會議須特別注意座次的安排

方桌可以體現主次。在方桌會議中，特別要注意座次的安排。如果只有一位大官（老闆、主管），那麼他一般坐在長方形的短邊位置，或者是比較靠裡面的位置。就是說以會議室的門為基準點，靠裡面是主賓的位置。如果是由主客雙方來參加的會議，一般分兩側來就座，主人坐在會議桌的右邊，而客人坐在會議桌的左邊。還有一種是為了儘量避免這種主次的安排，而以圓形桌為布局，就是圓桌會議。在圓桌會議中，則可以不用拘泥這麼多的禮節，主要記住以門作為基準點，比較靠裡面的位置是比較主要的座位，就可以了。

◆會議後

在會議完畢之後，我們應該注意以下細節，才能夠展現出良好的商務禮儀。主要包括：會談要形成文字結果，哪怕沒有文字結果，也要形成階段性的決議，並行諸文字上，還應該有專人負責相關事物的跟進追蹤；贈送公司的紀念品；參觀，如參觀公司或廠房等。如果必要，合影留念。

三、如何做簡報？

簡報的目的就是說服，說服聽眾接受你的看法。當你明瞭做簡報的目的不是讓你自己在舞台上表演一場秀，而是要說服你的聽眾，你就可以清楚的知道，簡報的主角不是站在講台上做簡報的人，而是在

簡報的目的是說服聽眾接受你的看法

聽簡報的聽眾，如果下面的聽眾沒有被說服，不管你講得如何口沫橫飛，你的Power Point引起多少讚歎的驚呼，你的舉手投足肢體語言有多麼的完美，這個簡報仍是個不成功的簡報。

就像要做所有的事情一樣，在動手做簡報前，要先確認行動的目標。不管擬訂的題目是什麼，你總是有個期望，當聽眾聽完這個Presentation後，會有什麼樣的結果？

★以銷售為目的的簡報：所需要的結果可能是希望能夠收到期待中的訂單。

★以教學為目的的簡報：期待的結果可能是聽眾對於主題有更深入的認識。

★環保議題的簡報：會希望所有的聽眾之後能舉手做環保，為社會盡一份力等等。

如果簡報沒有目的跟意義，那是浪費簡報者跟聽眾雙方的時間。下面是一個成功簡報必須知道的要點：

1. 確認簡報目標：這場簡報要產生怎樣的影響？聽完簡報後，聽眾應該有怎樣的改變？

2. 分析聽眾特性：聽眾的特性如何分布？包括年齡、性別、職業、專長、態度、動機、文化等特性。

3. 組織簡報內容：根據簡報目標組織簡報內容。不只是簡報架構，也包括表達的所有細節。

4. 事前充分練習：事前至少要完整練習一次，對著鏡子、錄音機、攝影機或同事朋友練習。

5. 準備應變計畫：預先想好突發狀況的應變措施。例如，設備故障、時間縮短、聽眾特性與預期不同等等。

6. 站在適當的位置：簡報者站在聽眾前，就像表演藝術工作者，需要站在適當的位置，這個位置應該讓聽眾同時看到你和視覺輔助材料，你也可以清楚看到聽眾。這個位置視場地配置而定，通常就是銀幕旁邊。你應該在簡報前提早抵達會場，找出最適合的位置。

7. 與聽眾保持眼神接觸：不要都不看聽眾，也不要試圖注視所有的聽眾。你要做的是，在聽眾分布的主要區域，找幾個友善的面

簡報者須站在最適當的位置面對聽眾

孔取取暖吧，如此將會讓你充滿信心，心情變得穩定而使演出更加成功。

8.與聽眾保持互動：不要問需要聽眾發言回答的問題，除非你確定聽眾都很願意配合你。讓聽眾用覺得安全的方式表達意見。例如，呈現幾個選項，讓聽眾用舉手的方式作選擇。

9.有效利用視覺輔助材料：視覺輔助材料的關鍵是「輔助」，目的是輔助簡報者解說陌生概念，而不是讓聽眾分心。

四、簡報禮儀及技巧

眾人皆知簡報是一種說服的藝術，我們要說服聽眾接受我們的觀點，因此首先就得抓住觀眾的注意力，然後讓聽眾清楚地瞭解我們要傳達的訊息，引導聽眾同意我們的觀點，最後建立共識。

一般來說簡報之種類可分為：業務簡報（營業額、預估產值、業務競爭分析）、公司背景簡報（給參觀者一些訊息）、新技術簡報、新產品簡報（新車、新書、新型產品、新代理權）、活動內容簡報（如旅遊、展覽、座談會、國際會議）等。

簡報成功的關鍵可以歸納為內容、態度、聲音三部分。但是令人意外的是，根據一項統計：簡報成功的關鍵是主講者之態度，其次是聲音，最後才是簡報的內容。簡報最主要的目的是傳達訊息，所有的內容都應該輔助訊息的傳達，與此目標無關的，最好都別在簡報中出現。

(一)簡報時之態度

◆目光接觸

聽眾並非敵人,他們是來吸收新知或是獲得資訊的。因此不妨自然而然的與所有聽眾做目光接觸,讓他們知道講者時時在注意他們,增加彼此感覺之互動。請勿將目光一直停留在少數一兩位聽眾身上,應該將目光自然投向所有參與者。

◆面帶微笑

簡報終究並非上課,簡報者微笑的面孔與友善的語調一定是令人歡迎的,讓聽眾感受到來聽簡報也是一件愉悅之事。但是也不要一直微笑,如果一位演講者從頭微笑到尾,會給人一種傻笑或做作之感。

◆站立位置與姿勢

演講者最好不要一直站在同一位置,不妨在簡報過程中移換位置,但是也不可以一直不斷走動,如此將使聽眾分心,甚至引起厭煩。

◆手勢

善用手勢可以適度集中聽眾之注意焦點,但是不宜過多或是不必要之手勢。當然更不可沒事擠眉弄眼故做驚訝狀,君不

簡報過程中善用手勢可以引起聽眾的注意

見台灣不少第四台電視之美麗主播就常用這一招表示專業，但其結果卻總是適得其反。

◆習慣動作

演講者不可有習慣性之個人動作，如聳肩、搖頭、轉脖子、搔頭、摸耳……。當然，站立之姿勢也須始終保持如一，如三七步、彎腰駝背、手插口袋內等姿勢均會給人不夠專業之感。

◆避免不斷向聽眾提問

千萬不要一直問聽眾：你們懂不懂？會不會？知不知道？聽眾是來學習吸收資訊的，本來就不可能知道太多，如此咄咄逼人之提問一定會讓人不好過，如坐針氈，難免心中忐忑，時刻心思如何藉故奪門而出。

(二)簡報時之聲音

簡報時的音量必須大小適中，如果有使用麥克風，則在簡報開始之前就必須測試完畢，務必使全場每一個角落均可以清楚聽見主講者之聲音。而講者也必須知道麥克風離口十公分之小技巧。說話之速度務必和緩、清晰，不妨運用聲調技巧如停頓、連續疑問、節奏快慢等吸引聽眾之注意。

簡報時的音量必須大小適中

(三)簡報之內容

◆事先知道聽眾背景

　　最好能夠事先知道聽眾的基本資訊，以提高簡報內容之適合度。如聽眾為什麼會來聽我們簡報，想從簡報中得到什麼？簡報內容能不能滿足聽眾的需求？前來聽簡報的人數總共有多少？對簡報主題的熟悉程度如何？觀眾的背景、教育程度、工作性質等同質性有多高？

　　如果聽眾對簡報主題已經很熟悉，講者還一直重複眾人皆知的基本觀念，是會讓人很厭煩的；反之，如果聽眾對主題還相當陌生，而主講者滿口聽不懂的專有名詞、英文簡稱，雖然聽眾表面上點頭裝懂，但這是會讓聽眾充滿挫折感的。

◆避免照本宣科

　　切記簡報是輔助我們傳達訊息，真正目的在傳達訊息，說服聽眾的是主講者本身，所以不要照本宣科。如果我們只是照本宣科的話，聽眾一定會感覺無趣，如此可能會造成聽眾表情木然，氣氛凝重。須知簡報得靠主講者精彩的演講才會成功。

◆投影片字體與標點符號

　　如果使用投影片，字體要大，行數要少！記住字體大，行數自然就少。還有，投影片的大小標題，盡量用粗體。另外字體應選用通用字型，因為也許簡報會場的電腦無法支援太過花俏的字體。

　　有一句話形容簡報之投影片內容：「有如著薄紗的美女，讓人想看看不到，想要要不到。似有若無，若隱若現……。」投影片可以說是一條條大小標題的組合，那麼就不需要出現標點符號，尤其是冒號

和句點，均可省略，其他如引號、括弧等也最好避免出現，以免增加畫面之混亂。

◆統計數字與資料來源

在簡報中引用統計數字時，投影片上宜以精確數字呈現，但講者在口述時，不要有如背書般讀出精確數字，使用近似值即可，因為近似值比較容易記憶。所有數字均須註明資料來源，一來表示我們的客觀，二來也彰顯我們尊重他人的智慧財產權。

成功簡報3Ps

一但確定簡報內容後，不妨先加以熟記，然後不斷地練習直到有把握為止。也可以請同事或是好友當聽眾試講，提供你可以改進的地方，也可以模擬一些聽眾可能提出的問題先找答案。這就是所謂成功的簡報3Ps，Prepare（準備）、Plan（計畫）、Practice（練習）。

(四)簡報之基本注意事項

◆提早到達會場

主講者請提早到達會場，一方面讓主辦單位放心，一方面可以事先熟悉場地與設備。

◆出場時

受到邀請做簡報要先表達自己受邀是一件非常光榮的事，若有主

持人時要先對他的介紹加以感謝，如果聽眾席有非常重要的VIP時也不妨加以致意，以示禮貌。另外，如果可能的話儘量問候其他聽眾，如此可以拉近自己與聽眾的距離，讓他人感覺好像是老朋友聚會一般。如果有助手隨行時，此時應一併向聽眾介紹之。

◆吸引注意

接下來不妨用開場白吸引聽眾注意，可以用一個簡短的笑話，也可以用一些眾人尚不知的事實或數字，也有些人喜歡用一些玄疑的問題問現場聽眾，儘量建立與聽眾的關聯性，以引起聽眾的興趣與注意。

◆說明簡報內容

一般簡報之時間都不會太長，最多不會超過三十分鐘。因此為了達到傳遞訊息、說服聽眾之目的，要技巧地一再提到自己的結論，如開場說明時，中間細述時，最後結論時。有人戲稱此一技巧為「置入式行銷」，也就是如廣告詞般不斷地重複再重複，直到所有聽眾都耳熟能詳為止。

因此，開場說明時首要即是說明結果，清楚明白告訴聽眾你想讓他們獲得什麼。其次，說明簡報之時間。再來就是說明發問之時間與方式。有些人喜歡聽眾隨時發問，也有人喜歡簡報完後再安排一些Q&A時間，如此可以提供聽眾一個完整的概念，尤其是當簡報時間較短時。

另外，簡報必須提及簡報會議名稱、演講之主題、演講者職稱、服務單位、連絡方式以及相當重要之簡報日期。

◆切入主題

此時又是「置入式行銷」的時機了。可以翻來覆去不斷地提到與設定好之結論相關之數據、資料、其他證據等。可以運用視覺輔助器材，如OHP投影機、單槍投影機、幻燈機等，再加上曲線圖、橫條狀示意圖、直條狀示意圖、圓形百分比圖、流程圖、透視圖、平面圖等加強效果。

須知，圖的效果比表來得好，而表的效果又遠比文字敘述為佳，這是因為人類天生理解的方式不同之故。但必須注意的是圖表只要足夠輔助說明即可，太

簡報時運用視覺輔助器材，透過圖表說明更容易切入主題

多不必要的圖表反而會讓聽眾眼花撩亂，模糊了簡報之主題。另外要記得隨時拉回主題，有些演講者舉了太多的例子，結果時間終了時才驚覺主題尚未說明清楚，如此對聽眾之說服力自然不足。

◆提問時間

主題說明完畢，傳達訊息、說服聽眾之目的已達，此時就是Q&A時間了。當然有經驗的主講者可以再次利用回答聽眾問題的機會，再次技巧地重複傳達訊息一番。

比較棘手的是，如果聽眾問了一些比較複雜很難簡短解釋的問題時，可以大方告知會後會十分樂意詳細回答該問題。

另外比較難處理的就是聽眾問了自己不知道答案的問題，此時可以告知自己未研究此方面之問題，但仍表示感謝提問且會在最短的

時間找出答案回覆之。有些老經驗的主講者會將問題再丟回給原提問者，然後會視其回答之情形，簡短表達自己之看法。也有些人會當場請教其他聽眾，很可能現場有人知道答案的。

此外，好的演講者要能控制時間，不要拖時間，就算是簡報前因為某些原因有所耽擱，還是要盡可能依預定準時結束，給聽眾留下好印象，也方便主辦單位安排下面程序。

◆總結及致謝

時間接近尾聲，此時再次傳達訊息一番，以加深聽眾之印象。然後謝謝主辦單位以及最重要的「謝謝聽眾的參與」。

第八章

商務穿著之禮儀

- 優雅的儀態
- 商務場合正式服裝
- 男士正式服裝
- 女士正式服裝

　　「人要衣裝，佛要金裝」，本章主要討論的是商場衣著的相關問題。無論是男士服裝、女士服飾，基本上都要遵守TOP的原則，因此我們就來討論TOP。當然在探討服裝之前，必須要知道何謂優雅的儀態、其基本的儀表要求為何，另外如何在商務場合穿著，對於男士與女士正式服裝，都有一些相當實用的建議，讓我們能有更好的儀態給他人更好的印象。

 # 一、優雅的儀態

　　優美的舉止就好像漂亮的服裝一樣，能起到裝點門面的作用。如果能把優美的舉止與良好的修養結合起來，那就是一個非常優秀而備受人們喜愛的人。優雅的舉止在公眾中具有感召力，甚至會產生一種魔力，一個風度翩翩的男子，不僅在男人群裡具有很大魅力，而且對異性更具有吸引力；一個風姿優雅的女子所起的效應比男子還要大得多。所以，在社交生活中，舉止是否優美、得體就顯得十分重要。

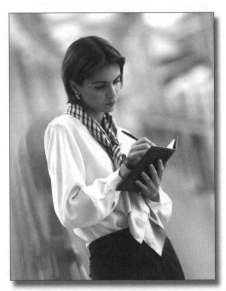

社交生活中，優雅的儀態十分重要

　　我國從古代在這方面就很注意，而且不斷地從實踐中提煉出很多形象，相當生動、逼真、易學、易做，例如「立如松、行如風、坐如鐘、臥如弓」等。簡單的說，就是坐有坐相、站有站相、走有走相、吃有吃相等。優雅的舉止不是天生就有的，而是要靠在平時的日常生

活中一點一滴地培養、累積起來的，只要有目的的訓練和培養，任何一個人都是可以做到的。

(一)優美的站姿（立如松）

所謂站有站相，具體要做到：兩足分開約二十公分左右的寬度距離，或者兩足並立在一起，但不要太近，以站得穩當爲好。女士們可以把兩個腳後跟靠在一起，雙腿微曲，收腹，挺胸，兩肩平行，雙臂自然下垂，頭正，眼睛平視，下巴微收。經常可以看到有人把雙手交叉抱在胸前或背在身後，這些動作會給人一種傲慢的感覺。

(二)優雅的坐姿（坐如鐘）

不論坐在什麼地方，頭要正，上身要微微地向前傾斜，雙腿稍微併攏。如果是坐在沙發上，要把大部分身子坐進去，如果是坐在椅子上，基本上要使身體占據大部分或全部椅子，背要直，雙肩自然下垂，雙手分開放在膝上。如果是女士就要把兩足併在一起，並把兩個腳後跟微微提起。

這樣，不僅姿勢好看，而且會給人一種沉穩、大方的感覺。有的人坐在那裡或是抖腿，或是摸頭、抓耳、挖鼻孔、拔鬍鬚等，都是不雅的；有的人坐下後愛翹二郎腿，而且還不停地晃

女士坐姿

動，也不太雅觀。

(三)優美的走姿（行如風）

走路的姿勢從細微處來說，每個人有每個人的姿勢，但是，走路的姿勢要優美，一些共同的特點是：步伐要穩健，有節奏，不大不小，不快不慢，路線要直，腰背要直，抬頭挺胸，體態輕盈；如此自然能使自己的形象表現出內在的涵養來。

我們經常看到有的人走起路來或是扭腰，或是臀部晃動，或是左傾右斜，或是走之字形路線，或是高抬腿，或是八字腳（內八字或外八字），或是曲著腰身像變形人走路一樣，這些都是不優美的姿勢。

優雅的舉止要因時因地，靈活多變，不可拘泥於某一種形式，做到通權達變，效果才會最佳。原則是：要做到自然、得體、端莊，絕對不可以做作。

(四)基本的儀表要求

以下是一些職場上最基本的服裝儀容與舉止之要求：

◆服裝應整潔、大方

1. 襯衫：無論是什麼顏色，襯衫的領子與袖口不得髒汙。
2. 領帶：外出前或要在眾人面前出現時，應配戴領帶，並注意與西裝、襯衫顏色相配。領帶不得骯髒、破損或歪斜鬆馳。
3. 鞋子應保持清潔，避免龜裂，應保養得宜。
4. 女性要保持服裝淡雅得體，不得過分華麗。
5. 工作時不宜穿大衣或過分臃腫的服裝。

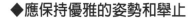

◆應保持優雅的姿勢和舉止

1. 站姿：兩腳腳跟著地，腳尖離開約四十五度，腰背挺直，頸部伸直，頭微向下，使人看清你的面孔。兩臂自然，不聳肩，身體重心在兩腳中間。會見客戶或出席儀式站立場合，或在長輩、上級面前，不得把手交叉抱在胸前。

2. 坐姿：坐下後，應儘量坐端正，把雙腿平行放好，不得傲慢地把腿向前伸或向後伸，或俯視前方。要移動椅子的位置時，應先把椅子放在應放的地方，然後再坐。坐下時避免猛力坐下，相當粗魯。

3. 在公司內與同事相遇時，應點頭行禮表示致意。

4. 握手時用普通站姿，並目視對方眼睛。握手時脊背要挺直，不彎腰低頭，要大方熱情，不卑不亢。握手時同性間應先向地位低或年紀輕的，女性應先向男性伸手。

5. 出入房間：進入房間，要先輕輕敲門，聽到應答再進入。進入後，回手關門，不能大力、粗魯。進入房間後，如對方正在講話，要稍等靜候，不要中途插話，如有急事要打斷說話，也要找到機會，而且要先致歉。

6. 遞交物件時，要把正面、文字對著對方的方向遞上去；如果是原子筆，要把筆尖向自己，使對方容易接著；至於刀子或剪刀等利器，應把刀尖向著自己。

7. 通道、走廊行走時要放輕腳步。

8. 說話時，音量適中，避免太大或是過小，笑聲宜自然真誠，也不宜浮濫。無論是否在自己的公司，在通道和走廊裡都不能一邊走一邊大聲說話，更不能唱歌或吹口哨等。在通道遇到上司或客戶要禮讓，不宜搶先。

女性姿態注意事項

裙子有曝光的危險時，建議把皮包或披肩放在膝蓋處或雙腳往前伸，讓膝蓋放低。作為職場女性，一定要時刻注意儀容舉止。

女性看起來比較漂亮的坐姿是：

* 手：手指伸直併攏，兩手交疊放在東西上。
* 腳：膝蓋併攏，兩腳收好。
* 背：緊靠椅背坐，背要挺直，背直了坐姿才會好看，因此要注意保持。

◆女性的優雅

務必在洗手間補妝，而且速度要快，這是基本禮儀。化妝不必說，補妝也在洗手間進行這是鐵則。即使沒有男性在場，也應該避免飯後在座位補妝，或者在車上等公共場合化妝、補妝。特別是在歐美，飯後在餐桌座位上補妝會被人認為是特種營業女郎，所以一定要注意。可以在用完餐後悄悄離席，補完妝後馬上回來，儘量別讓其他人等待。也不可以在自己的辦公桌前補妝。用化妝鏡查看一下髮型不成問題，但發現妝花了則一定要快點去洗手間補妝。

還有偶爾可見在辦公室內有些女性職員去洗手間時，手上會握有幾張衛生紙，當然眾人皆知是做什麼用的，但是如此明顯握在手上實在是不太雅觀，至少在先進的文明國家是看不到如此景象的。所以，將衛生紙放在小皮包裡吧！

◆香水的搭配

香水的使用也要注意，特別是飯桌上，最好不要擦太濃的香水。

另外，探病或參加葬禮時最好也不要擦香水。使用噴霧香水的話，距離十至二十公分，噴一個部位即足夠。使用時間上也要注意，出門前才噴的話，香氣未沉會過於濃烈；出門前二十至三十分鐘噴的話，香氣會恰到好處。

擦香水的要訣為：味道較濃的香水擦點；濃度一般的香水（Eau de Parfum）擦線；古龍水擦面。隨著濃度的變低擴大使用香水的範圍，這是用好香水的祕訣。

* ✿耳後：最為一般，在街上或者距離較近和人說話時效果最好。
* ✿頭髮：直接灑在頭髮上香味過濃，所以要先擦在手上，然後再用手塗在頭髮上。只不過，不要飯前用。
* ✿手腕：塗在體溫較高的部位最有效果，因此，除了手腕，還推薦肘部內側以及脖頸。
* ✿腳部：有餐會時建議擦在腳上。穿絲襪之前塗在膝蓋內側和腳腕內側，香味會比較持久。另外，推薦塗在裙子內側，這樣走路時香味會不斷飄出來。

二、商務場合正式服裝

商務禮儀中首重穿著，一個人若是穿著不當或是不適合其場合，輕則人遭人冷眼視之，甚者將引起他人之輕視甚或蔽視，因此穿著合宜是必要且相當重要的。多年以前我曾經率領一個科技業組成的參觀團前往德國漢諾威參加世界最著名的CeBIT電腦展，會後並順道參觀西歐諸國的科技大廠。

旅途中讓我十分驚訝的是這一批由各大科技廠之高階主管組合而成的團體居然多不知如何穿著。灰衣黑褲者有之，穿西裝不打領帶者有之，有些則是穿西裝配休閒鞋，或是服裝尚可卻滿臉鬍鬚、頭髮凌

亂。不得已，我只有沿途一面教導一面不斷地耳提面命，最後還好沒有鬧出什麼笑話。

在各式商務場合中皆屬正式場合，一個人的外表在正式公共場合至為重要，除了服裝本身的材質、式樣，搭配的配件也必須合宜、整齊。另外，優雅的態度舉止，也可視為整體外表的一部分，不可缺失。

在社交場合，選擇服裝有時對款式方面的要求更高。這是因為在服裝三要素中，有關款式方面的禮儀規範最詳盡，最具體，

在商務場合中須穿著款式適宜的正式服裝

最嚴格。根據禮儀規範，選擇服裝的款式，最重要的是要使之合乎身分、形象，並且對交往對象不失敬意。在這幾個方面上，一點都不可疏忽大意。

服裝的TOP原則

TOP是三個英語單詞的縮寫，它們分別代表時間（Time）、場合（Occasion）和地點（Place），即著裝應該與當時的時間、所處的場合和地點相協調。它的涵義是要求人們在選擇服裝、考慮其具體款式時，首先應當兼顧時間、地點、場合，並應力求使自己的服裝與時間、地點、目的協調一致，較為和諧匹配。

◆時間原則

　　不同時段的著裝規則對女士尤其重要。男士有一套質地上乘的深色西裝足以應付，而女士的著裝則要隨時間而變換。白天工作時，女士應穿著正式套裝，以表現專業性；晚上出席餐會酒會就須多加一些修飾，如換一雙高跟鞋，戴上有光澤的佩飾，圍一條漂亮的絲巾；服裝的選擇還要適合季節氣候特點，保持與潮流趨勢同步。

　　服飾的時間原則，一般包含三個涵義：第一是指每天的早上、日間和晚上三段時間的變化；第二是指每年的春、夏、秋、冬四季的不同；第三是指時代的差異。在西方世界，通常來講，除了上班以外，早上、日間安排的活動以戶外居多，穿著可相對隨便；而晚間的宴會、聽音樂、看演出、赴舞會等一般則比較正規，並由於空間的相對縮小和人們的心理作用，往往對晚間活動的服飾給予更多的關注和重視，禮儀也就相對嚴格。

　　除了一天的時間變化外，還應考慮到一年四季不同氣候變化對著裝的心理和生理的影響。夏天的服飾應以簡潔、涼爽、大方為原則，累贅的裝飾，會使周圍的人產生煩躁的感覺，自己也會因為汗水不斷而顯得侷促不安。尤其是女性，汗水還會弄花了臉上的妝。冬天的服飾應以保暖、輕快、簡潔為原則，穿著單薄會使人因寒冷而面色發青，嘴唇發紫，甚至出於本能縮肩縮背，以致無俊美可言。還有就是要順應時代的潮流和節奏，過分復古或過分新奇都會引人側目。

◆場合原則

　　衣著要與場合協調。與顧客會談、參加正式會議等，衣著應莊重考究；聽音樂會或看歌劇，則應按慣例著正式服裝；出席正式宴會時，則應穿著端莊正式的服裝；而在同事朋友聚會、郊遊等場合，著裝應輕便舒適。如果以便裝出席正式宴會，不但是對宴會主人的不尊重，也會令自己如坐針氈頗覺尷尬。反之，穿著太過正式去參加一些

輕鬆的場合，一樣會引來他人驚訝的目光。

　　服飾的場合原則就是指服飾要與穿著場合的氣氛相和諧。參加莊重的儀式或重要的典禮等重大活動，著一套便服或打扮得花枝招展，會使大眾感覺你沒有禮貌或缺乏教養，而從一開始就對你減分。一般來說，應事先瞭解活動的內容和參加人員的情況，或根據往常經驗，精心挑選和穿著合乎這種場合氣氛的服飾。記住：永遠穿得比四周的人稍微考究一點，精神一點，時尚一點，高雅一點，使你的服飾與場合氣氛的融洽始終突出。

◆地點原則

　　在家裡接待客人，可以穿著舒適、整潔的休閒服；如果是去公司或拜訪其他企業時，穿職業套裝才會顯得專業；外出時要顧及當地的傳統和風俗習慣，如去教堂或寺廟等場所，不能穿著過於暴露或過短的服裝。

　　服飾的地點原則實際上是指環境原則，不同的環境需要與之相協調的服飾。豪華飯店鋪著絲絨地毯的會客室與陳舊簡陋的會客室，穿著同一套服裝得到的心理反應會是截然的不同。同樣的，在高貴雅致的場所，與在綠草叢生的林蔭中穿戴同樣的服飾給人的感受也會因人而異，或是給人身分與穿著不相配的感覺，或是給人呆板的感覺，或是顯得華而不實不太搭調。

三、男士正式服裝

(一)職業男性服裝基本原則（西裝三色原則）

俗話說：「人靠衣裝，佛靠金裝。」莎士比亞曾經說過：「一個人的穿著打扮就是他教養、品位、地位最真實的寫照。」因此，越來越多的人開始重視著裝，注意打扮。

男士在社交場合應當遵從「三色原則」，即西服套裝、襯衫、領帶、皮帶、鞋襪一般不應超過三種顏色。這是因為從視覺上講，服裝的色彩在三種以內較好搭配，一旦超過了三種顏色，就會顯得雜亂無章。更講究的做法是，使服裝的色彩在二色甚至同一色彩的範圍內，先西裝，次襯衫，後領帶，逐漸由淺入深，這是最傳統的搭配。反之，領帶色彩最淺，襯衫次之，西裝色彩最深，即由深入淺搭配服裝，也是可行的。

出入正式場合，穿著西裝應遵循三色原則。上衣、褲子、襯衫、領帶、皮鞋都在內，顏色不超過三種。以深色套裝領銜，配白色襯衫和有規則花紋或是素雅的單色領帶，再加深褐色或黑色的皮鞋。如此配套，才會顯得有文化、有教養、有紳士

男士在社交場合的服裝應當遵從「三色原則」

風度、有權威感，西裝文化才得以發揮得淋漓盡致。

◆西裝上衣

一般正式場合中，男性均以西裝為宜，其材質以毛絨質料、不易起皺者為佳，顏色則以暗色系如黑藍、深灰、暗綠、深褐、深棕色為主，但不可穿著全黑色的服裝，以免令人有參加喪禮的誤會；至於淺色系之西裝可以在比較非正式的場合穿著。

西裝上衣必須與西裝褲完全同一顏色、材質，方為正式。穿著時，若上衣為單排扣，則最底下的一顆扣子不可扣上。若內有穿著西裝式背心，最下面的一顆扣子也一樣不扣；而穿著雙排扣西裝則必須全部扣上。

開會、談天坐下時，可將西裝扣子全部解開，但起身時必須依前述規定迅速扣好。若遇主持人點名至台上向他人介紹時，可於起身後一面扣上衣扣一面走上講台，並不失禮，因為如此可以節省其他人等待的時間。

西裝扣子的名稱

第一個扣子叫「永遠」（always），就是無論什麼時候都要扣上。

第二個扣子叫「有時」（sometimes），就是可扣可不扣。

最底下那個叫「永不」（never），從來不扣。

◆襯衫

穿著襯衫時，袖口應略長於西裝外套的袖口，大約長兩公分左右即可，太短會讓人感覺怪異，太長了則會顯得不夠精神。穿深色襯衫

最好不要搭配淺色的絲質領帶，因為大概只有紐約的黑社會混混才會如此打扮，一副地痞、無賴的模樣。另外，無論在任何情形之下，也絕對不可在西裝內穿上短袖的襯衫，如此看起來與身穿西裝腳穿球鞋沒有什麼兩樣。如果天氣真的很熱，可以把西裝外套脫去，把長袖襯衫的袖口捲起，這是眾人可以接受的權宜之計。

◆領帶

領帶是男士服裝中比較可以展現個人風格的地方。領帶可以較為花俏，但須注意其長短適宜程度，一般而言，以領帶尖觸及皮帶環頭是較妥當的長度。在非正式的場合，使用領巾代替領帶是另一種較為活潑的選擇，但於正式場合仍應以暗黑色領結為宜。

◆皮鞋

皮鞋應以黑色為主，而繫鞋帶的皮鞋較不繫鞋帶的皮鞋來得正式。皮鞋顏色也可以搭配西裝顏色穿著，如深咖啡西裝可搭配咖啡色皮鞋。惟應保持鞋子乾淨、無異味，並不得有破損、裂縫等情形。皮鞋避免穿著過大，以免不自覺把它當拖鞋來穿。想想看，穿了西裝卻拖著皮鞋走，是不是讓人想起了一代奇才卓別林？其實不但是男士，我國有不少女性朋友也常常打扮得漂漂亮亮，卻把腳底的高跟鞋拖得踢踏作響，小小的一個錯誤動作，卻

男士皮鞋以黑色為主，而繫鞋帶的皮鞋更顯正式

毀掉了她費盡心力的妝扮而不自知！

◆襪子

襪子與皮鞋相同，以黑色為主，其上面有小標記或暗色花紋者亦可，惟須注意不可有破洞、髒汙等情形，長度也不宜太短，以免坐下來時可能露出「飛毛腿」。

◆頭髮

穿西裝時自然以西裝頭為合宜，鬢角不可過長，否則看起來沒有精神。頭髮必須清潔乾淨，梳理整齊有型，可用髮油或定型液固定髮型。另外應避免頭皮屑出現，鬍鬚、汗毛均須剃乾淨（西洋人有些一天得剃兩次鬍鬚，以免名為Afternoon Shadow之鬍鬚出現），鼻毛亦不可外露。若是髮質太軟覆蓋額頭時，可以用定型液固定頭髮。

◆雙手

指甲修短、雙手保持乾燥清潔，手錶、戒指等物不可太過炫耀，以免給人俗氣之感。使用完洗手間後，必須擦乾或是烘乾雙手，以免握手時給人潮溼不潔的感覺。雙手可以插在西裝褲的口袋，但是要注意，不要由於兩隻手插在口袋裡卻把西裝上衣的背後分岔給撐開而露出背部的襯衫，這樣就不太好看了。

◆領帶結

可以打單結或是雙結，但是必須把結打得結實，並把領帶完全圍住領子，不要露出襯衫第一顆扣子，否則會很突兀。若領子另須扣領帶扣時，則必須將它扣完整；若是必須以領針固定，則必須加穿扣針才算整齊。

◆西裝長褲

西裝長褲不宜過長，以免看起來邋遢；也不可以過短，否則坐下時會露出一雙飛毛腿，非常不雅。不可有皺痕，褲管的線條必須燙出來，褲後、口袋、兩側口袋最好不要塞了一大堆東西，此外，口袋必須保持平順，不要擠成一堆。

◆頭皮屑

頭皮屑會給人一種不潔的感覺，最好能事先防範，若沒把握，則可以穿著淺色上裝作為掩飾。

◆皮帶

以深色為原則，最好是黑色或是與西裝同一色系的皮帶，若皮帶頭是金屬製的，也必須擦拭乾淨、光可鑑人。

◆身材

矮胖者不宜穿著雙排扣西裝，也不宜穿著寬條紋或是格子式樣的西服，否則看起來會更加臃腫。反之，身材太瘦高者則應避免細條紋服裝，或是三、四顆扣子的單排扣西裝上衣。

◆古龍水

國人一向少有擦古龍水的習慣，不過在正式場合不妨擦一點試試看，至少感覺精神比較抖擻。外國朋友使用頻率可就高得多了，正式場合必須要擦，一般場所也少不了，似乎已變成服裝的一部分了。據說古龍水有吸引異性的魔力，西洋男士深信不疑，每次外出約會必定塗抹一番，希望能有所斬獲，也許這才是古龍水流行的原因。

◆雙排扣西裝

　　雙排扣西裝內若有一條細窄的帶子與一暗藏於內側的扣子時，必須把帶子在另一端上扣好，這是爲了讓你穿西裝時看起來會更英挺而設計的。

　　同樣的，西裝褲最上方的拉鍊上除了有一顆扣子外，在其旁斜角亦多會有另一顆扣子，這也是爲了讓長褲看起來直挺而設計的，也請把它扣上。

◆飾品

　　男士不同於女士，是不需要配戴飾品的，有些人就用鑽石手錶、耀眼的大型寶石戒指，以達到有意無意的炫耀目的。在正式的場合，這種方法只會顯得粗俗與膚淺，是絕對無法贏得他人「尊重」的，而且更有可能適得其反。

(二)其他注意事項

1.西裝上衣與長褲都必須平整筆挺，若有皺痕等必須事前燙平，若是臨時發現已無法補救時，可以用少量的清水暫時壓平它。
2.腹部太突出者可以加一件與西裝同款的西裝背心加以束縛，看起來會更活潑，也更有精神。
3.手不可插在上衣的口袋內。現在已很少看見有人會把手插在西裝上衣的口袋中，但有不少人是把口袋塞得滿滿的，可能是手帕、衛生紙之類的東西，看起來非常奇怪。

　　男士的穿著雖然變化較少，但是仍然不可馬虎，否則在極其重視穿著的西方社會，必定會遭人輕視，這倒不是以外表取人，而是他們認爲一個人如果連基本的穿著禮儀都不懂，其他方面也就可想而知

了。如果你想要穿得有品味，又不知如何著手，不妨多向懂得穿著的朋友請教，或者多學學西方名士的穿著打扮，稍稍用點心來觀察，絕對會有很好的收穫！

領帶的由來

當人們穿著正式西服時，一定會搭配一條漂亮的領帶，整個人因此顯得既美觀又大方，又給人以優雅英俊之感，然而，象徵著禮儀的領帶，卻是因緣際會演變而來的。您知道領帶的由來嗎？

◆第一個傳說

以前法國與外國發生戰爭時戰敗，有東歐某國之騎兵隊騎著駿馬昂然進入巴黎，每一個士兵的頸部均圍以白色的絲巾以為標記，巴黎市民看見以後覺得很好看，於是紛紛起而效尤。從此由領巾而領帶之風氣就開始了。

◆第二個傳說

英國婦女的發明。英國當時仍是一個落後的國家，在中世紀時，社會地位較低之英國人常以豬、牛、羊肉為食，而且進食時不用刀叉，而是用手抓起肉塊放在嘴中啃咬。由於那時尚無刮鬍刀，成年男子都蓄著亂糟糟的大鬍子，進食時，弄髒了下巴就用衣袖去抹。婦女經常要為男人洗這種沾滿油垢的衣服。在不勝其煩之後，他們想出了一個方法，在男人的衣領下巴掛一塊布條，可隨時用來擦嘴，同時在袖口上縫幾顆小石子，每當男人們再按老習慣用衣袖擦嘴時，就會被石子刮傷，於是英國的男人們改掉了以往不文明的行為，而掛在衣領下的布和綴在袖口的小石子自然也就成為英國男子上衣的傳統附屬物——繫在脖子上的領帶和縫在袖口的袖扣，並且逐漸成為世界流行的式樣。

◆第三個傳說

　　法國皇帝拿破崙率領軍隊越過阿爾卑斯山脈進攻義大利時，由於天氣酷寒，許多士兵因而感冒流鼻涕，行軍匆匆之際往往順手用袖口擦鼻涕，因而使得軍容極為不堪。拿破崙看了以後雖不忍苛責但是亦覺不妥，於是心生一計，也就是與英國婦女相同之方式，在士兵的衣領下掛一塊布，可隨時用來擦鼻涕，同時在袖口上縫幾顆小石子，以免士兵用袖子擦鼻涕。從此軍隊之軍服就有了領巾以及袖扣了。而西服亦由軍服演變而來，因此領帶與袖扣自然保留了下來。如果不相信的話，請注意所有正式西服之翻領部分一定有一空的扣眼，但是卻找不到扣子即可證明，因為本來領子是翻上去以便天寒時可以扣起扣子保暖之用，後來當作禮服後自然不需翻起領口，扣子不見了，扣眼卻當作傳統給保存了下來。

四、女士正式服裝

(一)職業女性服裝基本原則

◆整潔平整

　　服裝並非一定要高級華貴，但須保持清潔，並熨燙平整，穿起來就能大方得體，顯得精神煥發。整潔並不完全為了自己，更是尊重他人，這是良好儀態的第一要務。

◆色彩技巧

　　不同色彩會給人不同的感受，如深色或冷色調的服裝讓人產生視覺上的收縮感，顯得莊重嚴肅；而淺色或暖色調的服裝會有擴張感，使人顯得輕鬆活潑。因此，可以根據不同需要選擇和搭配。

◆配套齊全

　　除了主體衣服之外，鞋襪手套等的搭配也要多加考究。如襪子以透明近似膚色或與服裝顏色協調為好，帶有大花紋的襪子不能登大雅之堂。正式、莊重的場合不宜穿涼鞋或靴子，黑色皮鞋是適用最廣的，可以和任何服裝相配。巧妙地佩戴飾品點綴能夠起到畫龍點睛的作用，增添不少色彩。

(二)日間與夜間正式場合服裝

◆日間正式場合

　　正式會議等場合，女士的服裝一般來說與男士相同，以西式套裝為主，下半身亦可改穿窄裙，惟其質料和剪裁須與上衣相同，但顏色可以稍加變化，淺色系亦可，花色也可表現得較活潑一些。

　　1.窄裙：長度須合宜，太長會顯得保守呆板，太短則失之輕浮；另須注意褲襪顏色的搭配與選擇，以避免突兀。

女士日間正式場合的服裝亦以西式套裝為主

2.扣子：前言男士西裝外衣最底下的那一顆扣子不可以扣，但女
　士則是全身上下前前後後只要有扣子就必須扣好，除了穿襯衫
　時領扣及第二顆可以不扣，如果連第三、四顆也不扣的話，就
　可能會引起他人遐想了。

3.首飾：耳環、項鍊、手鍊等最好樣式相同為佳，以小巧精緻為
　原則，避免過於炫耀。

4.化妝：以淡妝為主，清爽乾淨、不時散發出淡雅香味的裝扮永
　遠是受人歡迎的。

5.皮包：以肩背式方形皮包為佳，如果攜帶東西較多時，不妨另
　外加一只方形手提箱，簡單大方，為女性上班族的標準裝扮。

◆夜間正式場合

　　有人說「夜晚是屬於女人的」，西洋女人尤其身體力行，白天、晚上簡直可以判若兩人。女性在夜間的裝扮可以盡量地誇張、炫耀，高跟鞋、亮片皮包、低胸禮服、閃亮的珠寶、首飾，無一不散發著女性的魅力，再加上迷人的香水，綜合在一起就成了「女人是上帝的傑作」！

女性在夜間的裝扮可以時尚華麗，突顯女性魅力

(三)其他注意事項

◆服裝搭配必須配合年齡

年紀一大把還硬要穿著最時髦的服裝，總是會給人說不出口的感覺，哪怕是長得再美、身材保持得再好，結果也是一樣。所以迷你裙、熱褲只適合某一年齡層的女孩，但總是有一些女人弄不清楚這一點。

◆皮包不要斜背

皮包絕對不要斜肩背著好像背書包一般，非常庸俗難看。只有一種小型迷你小包包是少女專用的，可以俏皮地斜背，其他的一律必須側背。而我國女士有不少就是愛斜背，所以有外籍朋友開玩笑地說，要分辨一位女士由何處來是很容易的，側背者不見得猜得出來，但是斜背者百分之百來自台灣。

◆注意走路姿態、髮型

走路時千萬不可以用拖的，發出啪啪的噪音，也不要彎腰駝背，顯得老態龍鐘、無精打采。此外，要注意頭髮之整潔美觀，切忌蓬頭垢面，否則再美的女性也讓人不忍直視。

(四)職場女性的服裝規則

穿錯衣服對女孩子來說是非常尷尬的事，在辦公室裡穿與別人相比顯得很另類的服飾，更是容易成為同事間茶餘飯後的話題。

西方國家流行這樣一個詞：“Dress Code”，也就是在辦公室裡的著裝規範。一般外資的公司喜歡「不成文規定」，不明說讓職員日

夜浸淫於企業文化中，逐漸使著裝規範暗自成風，融為公司文化一部分。

短褲、低領衫、破洞牛仔褲想也別想，但是不是一定得換成顏色中性、樣式經典的正統職業套裝呢？畢業生或新進員工，如果不想自己的打扮成了別人暗地裡的笑話，可以先問問人事部，因為如果公司著裝已經有明文規定，那也是人事部制定出來的，即便沒有，人事部也應該知道公司各種級別職員的穿衣風格，所以這是最保險最穩妥的方式。

初來公司面試的時候就開始留意櫃檯小姐、接待面試的人員以及當時看到的職員穿什麼樣式的衣服，作為直接參考依據，這個辦法比問人事部還要實在。

除了公司文化氛圍不同，不同行業的著裝也有不同的講究。一般來說，軟體開發或做設計的公司，尺度放得寬，男女都比較隨意，女生一般都是半職業化半休閒類的著裝，只要不過分妖嬈性感就行了，當然穿娃娃衫扮可愛也顯得太不倫不類。銀行則通常要正式些、考究些，外貌上就要展現出穩重大方、精明強幹，服裝一般分上下兩件，連衣裙這麼浪漫的衣服通常是會遭到封殺的。

七分褲配拖鞋在A公司可以毫無約束，到了B公司則會受人指摘，這種差異早就不足為奇。但無論是在哪裡，只有讀懂了規則，服飾和環境融合了，才會和周遭同事相處融洽。其實最簡單的方法就是：儘量穿得跟大多數人一樣。

(五)休閒職業裝新風格

要簡約，不要簡便；要隨意，不要隨便。

近年來休閒職業裝（Business Casual）的出現，使得辦公室環境不

再令人窒息，職場女性真該為此慶祝一番。不過，到底什麼才是真正的Business Casual呢？

　　休閒職業裝是整潔清爽、輕快又不失穩重的服飾，千萬別將它等同於開派對或外出逛街吃飯穿的衣服，例如緊身褲、袋袋褲什麼的。它承襲的是經典，而不是傳遞潮流。

　　熨燙整齊的卡其褲以及開領襯衣對男女都適用；繫皮帶、穿皮鞋OK，帆布腰帶和球鞋則不允許。穿職業裝成本總要花的，並不是要你在衣服上和CEO一樣的投資，但起碼衣著的質地要好，那種廉價質料絕對會影響你的精神面貌。

　　女性的褲裝或裙裝可以穿得比較休閒，但不可以是貼身的那種。顏色樸素不花俏，比如海軍藍、黑色、灰色、棕色、米色之類都是不錯的，長褲必須是有褶縫的、剪裁簡單合身的，不緊身也不飄

女性休閒職業裝是一種輕快又不失穩重的服飾

拂。裙子長度至少要及膝，坐下時足以遮住大腿；長裙若是開衩，衩口不應該高過膝蓋，辦公室可不是展示美腿的好地方。

　　上衣除襯衣之外，針織衫同樣屬於Business Casual的範疇。質料上無硬性規定，棉質、真絲、混紡是不錯的選擇，天鵝絨或發亮的閃光綢如同登台表演似的，若是較嚴肅的主管可能不會贊同。

　　配飾也很有學問；手錶式樣典雅大方就可以，不必太華貴，切忌卡通錶。首飾和絲巾常常是成功服飾的點睛之筆，但款式顏色都要簡潔素淨。如果不懂如何搭配首飾和絲巾，就乾脆不要用。

彩妝對職業女性儀表是必備的，職場中輕描淡抹更能凸現女性丰姿。化妝色彩應柔和自然，千萬別變成一個超KAWAII的辣妹。指甲得修剪齊整，可以塗上透明或淺粉色，如果是在比較保守的行業工作，那種美甲沙龍雕出的帶花朵圖紋的方指甲、媚人誘惑的纖纖長指甲均屬不宜，除非你從事的是注重藝術性的職業。

皮鞋最好是黑、藏青和棕色等深色，與服裝和配飾顏色要匹配。白色和所有粉色系列在正式場合不宜，尤其是露趾鞋更是大忌，涼鞋不是不可以，但那種特別時髦水晶鞋般的或者懶散得就像去沙灘穿的，統統得暫時摒棄。

女性出門時所帶的皮包，如果是拿在手裡的小皮包，就不要選太大的，或是式樣和花紋太過複雜的。講究的女性還會注意將皮包與鞋子顏色相配。大多數場合都不必搭配公事包，假如需要攜帶檔案資料等等的話，女士可以拎一個小巧的女用公事包或款式可以冒充公事包的大手提袋，皮包的質地宜選擇皮質、混紡、做工精良的織品等，帆布包及草編提包則留到逛街、野餐時再用也不遲。

總之，要簡約，不要簡便；要隨意，不要隨便，一字之差，天壤之別。你可能會從一個賞心悅目的職業女性轉眼淪為街頭小辣妹或菜市場家庭主婦，信不信由你。

第九章

商務拜訪之禮儀

- 客戶是上帝
- 商務拜訪禮儀
- 到離時間
- 參觀時禮儀與禁忌

本章主要討論的是商務拜訪的相關問題。與客戶的交流如何才是合乎禮儀的？首先必須知道客戶是公司的命脈：「客戶是上帝」（The Customer is God），沒有任何企業膽敢忽視客戶，因此衍生的商務拜訪之時間、地點、內容的選擇就是一門學問了。當然，參觀拜會時的禮儀與禁忌是極為重要的，畢竟我們是在與「上帝」打交道啊！

一、客戶是上帝

(一)沃爾瑪的經驗：顧客第一！

沃爾瑪堅信，「顧客第一」是其成功的精髓。山姆·沃爾頓曾說過：我們的老闆只有一個，那就是我們的顧客，是他付給我們每月的薪水，只有他有權解僱公司裡的每一個人，包括董事長。道理很簡單，只要顧客改變一下購物習慣，換到別家商店買東西就是了。

沃爾瑪的營業場所總是醒目地寫著其經營信條：「第一條：顧客永遠是對的；第二條：如有疑問，請參照第一條。」山姆堅守著一個信念：只要商店能夠提供最齊全的商品、最好的服務，顧客就會蜂擁而至。他向員工提出了兩條要求：「太陽下山」和「三公尺態度」。

1. 「太陽下山」是指每個員工都必須在太陽下山之前完成自己當天的任務，而且，如果顧客提出要求，也必須在太陽下山之前滿足顧客。

2. 「三公尺態度」是指當顧客走進員工十英尺（約三公尺）的範圍內時，員工就必須主動地詢問顧客有什麼要求，而且說話時必須看著顧客的眼睛。

沃爾瑪公司的傳奇

　　沃爾瑪公司由美國零售業的傳奇人物山姆・沃爾頓先生於1962年在阿肯色州成立。經過五十多年的發展，沃爾瑪公司已經成為美國最大的私人雇主和世界上最大的連鎖零售商。至2017年止，沃爾瑪在全球開設了近八千五百家商場，員工總數二百多萬人，分布在全球十五個國家。每週光臨沃爾瑪的顧客高達二億人次，美國《財富》雜誌（2014～2016年）評選為全球500大企業第一名。

(二)對顧客誠信

　　傳統的思想裡，有無商不奸、為富不仁的觀念。我們要提升市場經濟活力，就需加快提升廠商自身素質，那就要講誠信，為顧客提供最優質的產品和服務。一位諳熟市場的人士說，信用是財富、是資本，它能證明你的資格和能力，信用高，則風險低，信用低，則風險高，信用是經濟社會中的生命和靈魂。我們把顧客當作上帝，就應該對顧客講誠信，絕不能欺騙上帝（客戶）。有的人欺騙了上帝（客戶），暫時得到利益，最終還要吃大虧的。

(三)將顧客當作親人

　　我們的顧客是上帝，不是那些不食人間煙火的神仙。我們把他們尊為上帝的時候，千萬不要忘了他們其實都是人，都有七情六慾。所以要研究顧客的心理，滿足顧客的需求，用親情打動上帝。我們把顧客當作上帝，除了要對顧客尊重，為顧客提供最優質的商品和服務之外，還要懂得當地的文化，尊重當地的民俗，瞭解顧客的願望和要

求，用感情打動顧客。

(四)讓顧客感動

曾經有人說：「讓客戶感動是培養忠誠顧客的不二法門！」

如果你的產品明明和別人不一樣，顧客說一樣，你就完了！同樣的，你的產品跟別人明明一樣，顧客說不一樣，你就贏了！

那怎樣才能使消費者成為忠誠顧客呢？只有用感動來創造產品的差異化，抓住顧客的心。現在的顧客追求的是能夠提供超越顧客期望的產品和服務，在經營的創意上比別人多用了一份心。不僅提供顧客需要和喜愛的產品，讓顧客滿意，同時用親切、額外的服務，讓顧客產生了共鳴和感動的最大滿意：讓顧客感動，強化顧客的忠誠度。

以更低廉的價格、更為優質的商品和更好的服務，是我們占有顧客的第一步，但現代商戰獲勝的關鍵除此之外還要抓住顧客的心。

1.創造領先競爭對手的新領域（技術、品質、功能）。
2.確立一種簡易可行的與客戶互動之商業模式。
3.比競爭對手更快速地切入、打動顧客的心。

要想與對手不同，最大的重點也在於「感動顧客」這一策略。僅僅像隨處可見的標語一樣地說讓客人滿意，只不過是一種自我滿意罷了，不可能真正抓住顧客的心，只有讓顧客感動，才可能擊敗對手，在同行中獲勝並逐漸成長興盛。

企業能從讓顧客滿意走向讓顧客感動，所以提供的產品和服務，要從完美的體驗、感性的心情和理性的品質三個層面能讓顧客感動，企業才能成為市場的領導者，在競爭激烈的時代，讓顧客非公司的產

品和服務不可。

　　顧客是企業服務品質評量中最關鍵的因素，只有把服務品質的其他因素相互溝通好，共同發展並服務顧客，才能使服務品質有效進步。

　　因此管理者應在顧客與服務人員之間建立良好的溝通管道，因為與顧客直接接觸的人員之反饋，才是企業品質改進最重要的來源。

(五)維繫良好的顧客關係

　　維繫良好的顧客關係需做到以下幾點：

◆瞭解顧客

　　首先，必須瞭解自己的行業，知道顧客為何而來？其次，透過統計或其他管道瞭解顧客的資料。

◆發現顧客的真正需要，觀察客戶的細節

　　發現顧客的真正需要可以透過簡單面談、電話或E-mail等形式，也可以透過問卷或其他的方法。美國沃爾瑪全球四千多個連鎖賣場都裝有衛星接收器，客戶在沃爾瑪的全球任何一個連鎖店消費時，客戶的年齡、性別、購物品牌、數量、規格、消費總額等資料都被記錄下來，立即送進企業資訊系統中。

發現顧客的需求，有助於維繫良好的顧客關係

◆提供顧客真正需要的產品和服務，並使顧客充分理解所提供的服務

對一些客觀資料、相關人員的回饋和競爭對手有充分的瞭解以後，應該仔細考慮顧客的真實需要，相對地調整產品和服務。一些企業的失敗就在於不知道顧客的真正需要，沒有及時更新產品和服務；或者即使瞭解到市場的需要，但沒有及時採取措施滿足顧客的需要，因而逐漸走下坡最後趨於消失。

案例

P可樂vs. C可樂

C可樂公司曾經想改變百年不變的配方，結果幾乎給該公司帶來大災難。顧客不喜歡新口味，強烈要求原來的口味。C可樂公司及時意識到了顧客的真實需求，但是可樂市場已經有了很大的變化。

美國的C可樂風靡全球，一直是全球飲料行業中的龍頭老大，曾經有很多人試圖仿製出C可樂那樣的飲料，但是結果毫無例外，全被正牌的C可樂擊敗了。而P可樂公司自1898年開始創辦，由於經營不理想，只能在市場的邊緣求得一點點生存空間，苟延殘喘。

有一天，突然在電視廣告裡看到了這樣的畫面：P可樂公司在一些公共場所邀請人們同時飲用C可樂和P可樂，在試飲後，請他們評價兩者的味道。結果大多數人都比較喜歡P可樂的味道，因為P可樂比C可樂略甜。那些參與測試者喜歡P可樂的神情，都被拍攝下來，出現在電視上。P可樂採用的這種市場行銷法大獲成功，最後推廣到世界各地的可樂市場上。

這一招對C可樂高層的震動極大，他們不斷地開會檢討可樂的味道上是否已經不能符合公眾的喜好，因此做出了改變舊配方的決定，

也把C可樂的甜味稍微提高。

誰知C可樂這一反應正中了P可樂的圈套。在C可樂改變配方當天，P可樂馬上宣布所有員工放假一天以示慶祝。並且還在美國各大城市的鬧區免費贈飲P可樂，搞得這一天像是P可樂的大喜日子。不但如此，P可樂還乘勝追擊，推出一則新廣告，在廣告片上，先提出一個問題：「為什麼C可樂要改變配方？」接著就是一位美女在喝了一口P可樂之後，恍然大悟，面露喜色地說：「噢，現在我知道了！」（意思是：原來P可樂比較好喝！）

這下子，P可樂把C可樂打得狼狽不堪，C可樂銷量暴跌，而P可樂銷量暴升。本來奄奄一息的P可樂公司終於可以和C可樂分庭抗禮了。

(六)提供顧客服務至極限！

要做到這一點，需要企業能有創造性的產品和服務，從中還可以給企業帶來新的相關產品或服務。例如書店中設咖啡座，幫顧客提供茶、咖啡或小點心等；加油站設置洗車場，並免費給加油的汽車提供洗車清潔服務等。

沃爾瑪在顧客服務方面非常成功，公司不僅低價吸引顧客，還在其每一個分店門口配備了一位向顧客致謝的員工。同時還積極利用廣告宣傳手段，向社會大眾介紹自己員工在為顧客服務時所出現的好人好事。而傳統的服務業多把這些好人好事隱藏起來，一副「為善不欲人知」的樣子，甚至有時對員工所做的好事義舉置若罔聞，客戶根本無從得知。而沃爾瑪對此給予高度重視，不斷宣傳、不斷廣告，也因此在社會上樹立了企業良好的服務形象。

(七)對顧客要像自己的情人

顧客是你的財源，雖然生意的原則是和氣生財，但是光做到這點還不夠，對待顧客要像對待自己的情人一般熱愛。許多行業如汽車銷售業、房地產銷售、菸酒類銷售業等，都可以設置VIP俱樂部，定時與不定時舉行各類客戶回饋活動，用愛心行動來讓客戶感受到，除了具有優質的服務品質外，企業的誠信度與對客戶的關懷度也是很好的。

擁有一批固定的顧客是一些企業成功的秘密。只有顧客一次又一次來消費，企業才能成功。同時，透過優質服務，使滿意的顧客志願為企業作活廣告、免費宣傳，絕對是十分有效的行銷策略之一。

以優質服務造就滿意度高的顧客，是企業成功的關鍵之一

(八)顧客的分類：並非所有的顧客都是上帝

根據分析，企業80％的利潤來自20％的顧客；因此專家根據顧客對於企業的價值，將顧客劃分為三類：

1.最有價值顧客（Most Valuable Customer）。

2.最具增長性顧客（Most Growable Customer）。

3.零價值顧客（Below Zero Customer）。

　　其觀點是：企業應當視最有價值顧客和最具增長性顧客為上帝，而對零價值顧客不但不能視為上帝，而且必須最快地拋棄掉。因為零價值顧客給企業帶來不了任何價值，只會耗用企業資源。

　　由此可見，提出顧客之分類絕非想當然耳。平等待客是自古以來的經商之道。現在這一理念受到了理論和實踐的雙重衝擊，對企業來說，與那些創造了80%利潤的20%顧客建立永續的牢固關係，確屬必要。

　　反之，若將大部分行銷預算花在那些只創造公司20%利潤的80%的顧客身上，不但效率低而且是一種浪費。對顧客而言，無論消費數額是大是小，也無論這種消費行為是偶爾為之還是時常進行，在商家面前都應是平等的。成功的企業，不僅要讓顧客對產品滿意，而且應主動、誠心接受顧客的抱怨與意見，並迅速做出積極妥當的反應才是。

二、商務拜訪禮儀

　　在社交禮儀中，為了敦親睦鄰或是增進友誼，人與人之間互相拜訪交流是當普遍的，在商業互動中，公司為了維持並增進與客戶的關係，或是拉近與潛在客戶的距離，也經常會邀請海外客戶前往其企業所在地參觀訪問，一方面藉機展示其企業之實力與品管、研發、管理等方面進步的一面，給予客戶良好的印象以及

商務拜訪使公司與客戶的關係更穩固

更佳的信心；另一方面則可藉招待客戶之機會，建立與客戶直接如個人友誼一般的關係，使公司與客戶之互動更頻繁，關係更穩固，藉此不僅將客戶套牢，也得以使公司之生存多一分保障。

接待客戶，一般大型企業多是由公關部門負責的。

(一)公關部門

一般大型企業、集團多會有專責部門負責接待海外客戶，也就是所謂的公關部門，專責迎客、待客、送客之繁瑣事項，而公關部門內之職員多有下列幾項特徵：

◆外貌出色

不論男女，雖然說不上是個個俊男美女，但一定是經過公司篩選過，外貌清秀，脾氣溫和，禮貌周到，使人一見就會有親切、愉快的感覺。

◆服裝整潔

大型企業多會有制服，一般多是男士深色西服、淺色系襯衫，再加上一條公司斜紋領帶；女士則是同色系之套裝、高跟鞋、淺色襯衫，外加一條公司設計之領巾。無論男女站在一起多會顯得端莊正式且出色，給人印象極佳。

◆語言能力佳

英語是國際語言，所以每一接待成員均可說流利英語，此外，成員多能說第二外語，如國際常用的德語、法語、義大利語、西班牙語等等，甚至日語都有不少人能說得不錯，至於中文，就只是簡單的寒暄、客套話之類，如：「你好嗎？」、「謝謝！」、「再見！」等。

◆專業知識強

　　公關人員除了必須對企業之文化、歷史、精神、宗旨等基本觀念熟悉外，公司之產品、部門、海外分公司等也知之甚詳，如果有客戶提到某項產品時，除了相關部門之介紹人員得以介紹外，每一成員也或多或少能參與談論，藉以增加與客戶的互動。因為海外分公司與該地前來之客戶關係更是密切，如果瞭解海外分公司之主管及分公司之歷史、產品等，與客戶談話時的題材就可以豐富許多，距離也因此得以拉近。

(二)公司邀訪

　　在確定邀訪對象後，公司相關人員會要求確定來訪者之名單以及詳細資料，所謂詳細資料應包括中英文姓名、職稱、負責業務之簡介、經歷、聯絡電話、地址、電子信箱等，以備邀請單位製作名牌，派遣適合接待及解說人員等工作。名單確定後最好不要隨便更動，如果有不可抗拒的理由，也應事先與邀訪單位聯絡，告之實情，有可能的話可以以職務相同之人代替之，以免使對方之安排重作調整。

(三)抵達後參訪前

　　參訪人員抵達該地或附近後，邀訪單位一般多會主動展開聯絡，以再次確定第二天之參訪人員、交通工具、參訪人數、開會人數、用餐人數等細項，較具規模的企業多會派一聯絡員至參訪者下榻之飯店進行事前溝通，並告知第二天之開始、結束時間及地點，如果司機路不熟，他們甚至會親自駕車帶領司機以求順利準時到達。

　　到達公司後首先換領參訪證，這些參訪證事先已備妥，待訪客抵達大門時即由接待人員一一為訪客發放配戴，至參訪活動完全結束後

再歸還。

(四)參訪行程

參訪行程開始前一般多會有一簡短之簡報，介紹該公司之歷史、組織概況、主要產品、未來發展等，先讓來賓有一初步之認識。之後開始參觀，細心的公司甚至會有兩種行程，如有配偶隨行者，先生參觀訪問之行程，太太也會隨行參觀瞭解，待先生與公司有相關會議時，太太如果在場不但無趣而且會影響先生開會之情緒，因此邀請單位在群芳大致參觀公司完畢後，會派女性職員陪同娘子軍前往附近之百貨公司、商店街、市場等逛街購物，等到先生會議完畢後再一起至餐廳共同參加主辦單位之邀宴，各取所需，皆大歡喜。

(五)送別

來訪外賓完成所有參觀、拜會與會議行程後自當返國，在其已確定離境日期後，接待人員應如接機時一般，將交通工具等再做確定。依規定，個別旅客最少應於飛機起飛前二小時抵達機場，辦理離境手續，所以接待者應將市區至機場之交通時間從寬計入，以免臨時路上有交通事故時措手不及誤了班機，留下遺憾。

至機場後應協助來賓搬運行李、辦理手續，並提醒其人在來訪期間是否有購買之紀念品或是公司、廠商等贈送的紀念品不可隨身攜，只能放在大行李箱中者。最後送來客至機場移民關入口，代表公司感謝其到訪，如果對方為了表示謝意，欲給接待人員小費時千萬不可接受，可告知這是應盡的本分，也是個人的光榮。至於對方若是贈送小禮物，則稱謝收下並無不妥。

當然在離別時之合影、握手，甚至擁抱也應是主隨客意而為之，

最後祝其一路順風，來日再敘云云。

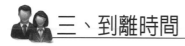 **三、到離時間**

　　一般而言，在申請參觀時對方多會要求我們提供團員的姓名、職位、公司名稱等資料，以便判定來訪者的身分再安排適當的參觀路線。如果要參觀一些特殊地方，如無塵室等，還會要求提供身高、體重等個人身材資料，以利提供適合之服裝與裝備，如反光背心、頭盔、防靜電鞋、無塵衣等等。

　　參訪前一天最好再與工廠做確認，確認接待窗口以及到離時間。抵達時間不宜太早，以免對方還沒準備妥當或是前面還有其他訪客正在參觀；當然更不可以遲到，遲到不但令人不悅也可能要重新調整參觀路線，造成麻煩。所以最好就是準時抵達，準時道別。所謂準時抵達是說提早約十分鐘左右是最佳的，一方面讓主方知道你已抵達可安排身分相當者前來迎接，一方面可以開始通知參觀各站客人已到準備示範與說明。至於離開時間則務必準時，甚至稍微提早五至十分鐘都是合適的。

　　因此為了能準時抵達務必要事前先做功課，確認對方工廠所在地以及由哪一個大門進出？是否需要攜帶證件？司機對路況是否熟悉？寧可早到不要遲到。如果真的發生事情無法準時抵達也務必要先用電話聯絡對方窗口，然後告知預計抵達之時間才不失禮。千萬不要悶不吭聲讓對方望穿秋水，不知貴客何時蒞臨。

四、參觀時禮儀與禁忌

　　貴賓來訪，參觀拜會應是重頭戲，在安排上更是應盡心盡力，除了涉及業務機密外，應儘量滿足外賓之要求，也就是見到該見到的人，看到該看的事。

　　外賓抵達後，應視其停留之時間與預定參觀拜會的單位、人物做一完整綜合的規劃，尤其要注意的是路線的安排，例如有一些單位距離本地較遠則應考慮安排交通工具，或時間緊迫可建議其放棄，或是請受訪單位派員前來會面即可。會面人物方面之安排雖應盡力配合客人，但也應考慮受訪者之個人情形，以免對方雖覺不妥但不便拒絕，所以事前之磋商是必須的。

(一)注意事項

　　以下是參觀拜會時之注意事項：

◆整體聯絡

　　如果參觀一個公司不同之單位，或是參觀不同之單位，接待人員必須確定每一單位之窗口，確定該單位之受訪人物、參觀地點等均無問題，參觀拜會之時間為幾點到幾點等，該單位之接待人員是何人等等。

　　最容易發生之失誤是聯繫銜接方面，來賓已結束了上一站的行程但下一卻仍未準備妥當，或是臨時找不到人，因此當來賓仍然在上一站訪問時，總接待人員就應與下一站之接待人員聯繫，以確定接待無慮。

◆服裝

接待來賓一律應以公司制服爲主，否則也應著正服裝以示盛重，如果參觀場所較爲特別者，如無塵室時，也應事先準備參觀者足夠之特殊服裝，並視需要協助其穿脫。

◆專業解說

個別接待單位之接待人員應安排瞭解該單位運作之專業人員負責介紹，如果專業人員語言能力欠佳，則應安排翻譯人員在場，以方便來賓完全瞭解解說內容。

◆會議及演講

如果在訪問中有會議及專題演講舉行，則應依國際正式會議之慣例來舉行，如會議之用語、流程、主席、司儀、來賓介紹，並讓來賓事先知道議程及流程起迄時間。

◆饋贈

公司一般都會有饋贈來賓禮物作爲紀念品之習慣，希望帶給來賓較佳之印象，當然來訪者也多會備有相當之禮物以答謝接待單位之費心，必須要注意的是這些互贈儀式應在公開場合舉行，以示公司對公司之友誼象徵。至於贈品，由於對象是公司，所以應以能夠在公司展示爲原則，至於給個人的小禮物則應以有紀念性且價錢不高者爲佳，以免給其他人賄賂之聯想。

◆商業機密

公司交流，雙方人員互相學習本是常事，但是如果來賓希望參觀一些較新型之產品或是研發中之計畫，若有商業機密顧慮時則，可委婉地以其他理由拒絕，如該型在其他地方研發並不在本地，或是該單

位正在整修、安置新機器等，最好不要直接告知原因以免對方認為其信用受到懷疑。

如果公司同意讓來賓參加一些較敏感的單位時，則應事先告知公司之相關規定，如禁止攝影、拍照、記錄等，以免資料不小心外洩，只要事先誠懇告知，當場提醒或禁止一般是可以被對方接受的。

有一次我與某些專家前往瑞士某大化學公司觀有關汙水處理的技術，事前已被告知嚴禁拍照或攝影，但有一隨行之博士技巧性地以手錶之馬錶功能計算其一些機具工作之頻率與時間時，立即被陪同人員委婉示意禁止，當然博士相當識趣立即停止計算。

(二)行程安排

參觀訪問之行程安排大致上會有：

◆簡報

以影片或幻燈片替參觀者做一簡單完整之概略介紹，內容是有關公司歷史、理念、成長過程以及公司之現況和發展計畫等，配合簡報，邀請單位多會準備一份公司簡介之書面資料，以便訪客可攜帶返國當作參考。

◆參觀

簡報完畢後會有專人陪同參觀公司之主要部門，不過為了不打擾公司正常運作，一般都是在工作場所外大略參觀，除非有特別情形（如訪問前指定）才會入內參觀，如果是參觀工廠，會準備安全頭盔，如果是參觀無塵室，會有無塵衣、手套等備用。

◆會議

參觀完畢後，會安排專業人士之解說，一方面解答訪問者一些問題，使之對公司產品及生產製造過程更加瞭解，另外也會對公司新的產品以及即將推出的產品做一預先介紹，以收宣傳、廣告之功能！當然，主辦單位也會準備產品型錄介紹以供參訪者取得最新的第一手資料。

(三)餐會與道別

經過了簡報、參觀、研討等活動後，一般會進入最後一項活動——餐會。餐會多在所有活動完成後才舉行，當然也有以午餐方式招待來賓的，以方便訪客參觀完畢後即可早一點返回飯店休息，不必一定要等到晚餐時間。

> **案例**
>
> 有一次我去瑞士一間自動化的工廠參觀，行前對方即一再要求務必準時，也因此我們提早了三十分鐘即抵達，但是我要求司機在抵達工廠前先在路邊空地稍等二十分鐘然後再前往，在預訂參訪時間前我們的車子抵達大門口，對方接待人員已經在門口恭候：Perfect time!
>
> 首先握手寒暄一一致意，然後分發資料與識別證，並提醒我們工廠內嚴禁煙火、拍照、錄影；並要求所有人依照識別證上之吊繩顏色（我們那次是藍色）依照場內地上所繪之藍色行進路線進行參觀（同時地上還有紅色線、黃色線以及綠色線，依據廠方認定機密度等級不同而區分）。

　　參觀的重頭戲是機器人製作馬克鋼杯，只見兩個機器人分工，極其精確地在短短二十分鐘內就把一捲不銹鋼片壓製拋光成我們日常用的馬克杯。當然離開前每人都獲得一個精美的不銹鋼馬克杯，廠長還特別對大家致謝，並稱：回台後希望大家能每天用此馬克杯喝咖啡或是茶，也隨時記得他們機器人是多麼的精確與有效率！

第十章

接待客戶之禮儀

- 接機禮儀
- 乘車禮儀
- 外賓餐飲安排
- 重視個人隱私
- 送禮的技巧

如何讓客戶不只是滿意，而是讓客戶感動？本章主要討論的是接待客戶來訪的基本禮儀，如何讓客戶感到賓至如歸？由機場接機開始，機場至市區的乘車禮儀，以至考慮宗教信仰下外賓餐飲之安排等等。此外，與外賓相處時保持何種適當距離、重視客戶個人隱私等等也是必須注意的，當然促進交流的送禮技巧也會順便提及。

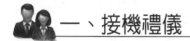

一、接機禮儀

「有朋自遠方來，不亦樂乎」，何況如果來的朋友是與自己的公司有商業上往來的人呢？一般公司企業對於外國貴賓前來本國參觀訪問者，一定會用最高之禮遇來接待，舉凡接機、代申辦證照、交通、住宿、餐飲、參觀拜會、商務會議、休閒娛樂及其他特殊要求等等，務必做到賓至如歸的感覺，讓來訪之賓客收獲良多且留下最好的印象，有助於雙方日後之商務交流，擴大彼此利益，以下就是在接待外賓方面應有之禮儀及注意事項。

機場接機

賓客來台前我方應會將前往接機人員之名單、身分、手機電話號碼等相關資訊告知來賓，應再次確定來訪之貴賓總共人數，以便決定接機人數以及交通工具、住宿、餐飲之安排。其次要確定來訪者之班機編號以及預定抵達時間，是否所有人都搭乘同一班機前來等等。

抵達的當天，接機人員應該在班機預定抵達的時間稍早或是同時抵達，以便來賓一抵達機場，即使尚未出關，也可以與接機人員聯絡上，方便確定出關之時間與確實地點。

◆服裝

接機人員應著正式服裝以迎賓客，如有公司制服則應著公司制服以示代表公司，女性則應與男士相同，並適度化妝打扮以迎接嘉賓，若在機場有獻花或是掛花環之儀式，應由女性代表為之較妥。

一般接待必須攜以下物品：

1. 迎賓指示牌或布條：方便來賓一出關就可認出接機者。
2. 名片與名牌：一接到來賓立刻將自己之名片給來賓，其上應有行動電話以及家中電話，以利有緊急事情時聯絡之用。名牌則是讓賓客放心接機者之身分。
3. 雨具：如果出關至機場停車處須步行，或是抵達市區下車後可能要步行者應備雨傘以防驟雨。
4. 礦泉水或飲料：以便途中飲用。
5. 翻譯人員：如果接機代表本身語言欠佳，則最好帶一隨身翻譯，讓來賓一抵達就可以順利表達意見，也可以在機場事先處理一些事情。

◆交通

應事先安排接機之交通工具，如果是另有司機者也應先確定交通工具之狀況、行李是否放得下、座位之排定等，宜先加以規劃以免臨時慌亂，如果來賓中有殘障人士也應先為其預做準備，如輪椅者、有特殊疾病者應準備有應變方案，以防臨時發生緊急情況時可以立刻送醫急救。

◆證照、機票及換錢

必須確定來賓的簽證之效期沒問題，並且再確認其離境之班機，以免因改變行程影響下一站之安排，如果可能的話，代其影印相關證件，以免不慎遺失時仍得以順利出境。最好請來賓在機場換一些本地

錢幣以方便使用。

◆出境後搭車前

　　確定來賓是否有去洗手間之需要，並告知前往市區約需多久時間。

◆機場至市區途中

　　接待人員應適度為來賓介紹本地的基本情形，如天氣、人口、交通、商店營業時間等，儘量以輕鬆、幽默的方式表達，打開友誼的橋樑，亦可先行將次日行程告知，但應注意察言觀色，如果賓客已露疲態，則應讓其稍事休息，不可一直喋喋不休讓人吃不消。

◆住宿

　　賓客來訪之前其住宿應已訂好，如果是公司招待者，則應選擇地點佳、安寧度好、治安好之飯店接待之，抵達飯店後應為其辦理住宿手續，並告知飯店之相關設施如三溫暖、游泳池、餐廳等，以方便其自由使用。離去之前也最好提醒其隨身攜帶飯店之卡片以備不時之需。

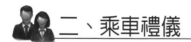 # 二、乘車禮儀

(一)小轎車

1. 小轎車的座位，如有司機駕駛時，以後排右側為首位，左側次之，中間座位再次之，前座右側殿後。
2. 如果由主人親自駕駛，以駕駛座右側為首位，後排右側次之，左側再次之，而後排中間座為末席。坐客只有一人時，應坐在主人旁邊。若同坐多人，中途坐前座的客人下車後，在後面坐

的客人應改坐前座,此項禮節最易疏忽。

3.主人夫婦駕車時,則主人夫婦坐前座,客人夫婦坐後座,男士要為自己的夫人服務,宜開車門讓夫人先上車,然後自己再上車。

4.如果主人夫婦搭載友人夫婦的車,則應邀友人坐前座,友人之婦坐後座。

5.女士登車,不要一隻腳先踏入車內,也不要爬進車裡。需先站在座位邊上,把身體降低,讓臀部坐到位子上,再將雙腿一起收進車裡,雙膝一定保持合併的姿勢。

(二)吉普車

吉普車無論是主人駕駛還是司機駕駛,都應以前排右座為尊,後排右側次之,後排左側為末席。上車時,後排位低者先上車,前排尊者後上。下車時前排客人先下,後排客人再下車。

(三)九人座車

接待團體客人時,多採用旅行車接送客人。旅行車以司機座後第一排即前排為尊,後排依次為小。其座位的尊卑,依每排右側往左側遞減。但是有例外情形,若是九人座車的中間是拉門(sliding door)時,則第二排最左之位子才是最高階的,這是因為最右的位子是活動椅,人員上下車時都要翻起摺疊以利進出,因此最高位左移至其邊位。

(四)大巴士

一般遇到有國外團體來參訪時,多會以大型巴士接送,如此可以

控制整個參訪之時間，並且比較安全。以下是有關大巴士乘車之禮儀：

1. 座位：原則上司機後方若是有欄杆或是隔板與第一排座位隔開時，這一排是最尊位。隔壁座位多是留給接待人員坐的，因為一方面上下車與司機溝通較為方便，另一方面是危險度較高，不宜給來賓乘坐。其他排座位則是愈往後排愈低階，最後一排當然是地位最低的。

2. 飲食：車內均禁菸、禁飲（礦泉水OK）並且禁食，包括零食在內，以保持車內清潔及空氣清新。

3. 上下車順序：貴賓以先上、先下（較其他團員）為原則。接待人員則是最後上車、第一個下車以便引導。

4. 換證與接待：公司應事前與安全部門聯繫，並有專人等候接待。大巴士可直接停在接待處，參訪團可直接進入。避免在大門處被不知情的警衛攔查，不太禮貌。

三、外賓餐飲安排

除了公司請客、聚餐外，接待外賓一般是不會招待其餐飲的，外賓必須自己負責安排，但是接待人員可以提供一些本地有特色之餐廳以為其參考。當然事先瞭解其宗教信仰，如印度教不吃牛肉；回教不食豬肉；猶太教不食無鱗之海產，以及其人

接待人員可提供具本地特色之餐廳作為外賓參考

本身之禁忌或是其他宿疾等之問題也是必要的。

注意文化背景，正確安排飲食

當外賓來台灣時，你想要表現自己熱心款待通常會邀請他們到外面用餐，為了確保他們能享受餐點，你應該小心地選擇適合外賓食物及適合風俗文化的餐點。

在選擇餐點時細心地注意外賓的宗教信仰和飲食習慣是很重要的。能確保你選的餐點是否適合外賓最好的方法，就是去問你的外賓。你可以問你的外賓是否吃素，尤其是來自很多吃素人口的國家，像泰國或印度。因為宗教或文化，你的客人也許不吃特定的食物，最好就是直接詢問。

印度人通常不吃牛肉，所以如果你的客戶是來自印度，直接問他是否吃牛肉。回教文化因遵循伊斯蘭教義，在宗教信仰上他們不吃豬肉，所以你可以直接問他吃不吃豬肉。

信仰回教的外賓，也可能跟著回教的齋戒月，齋戒月期間，回教徒會嚴格遵循宗教習俗，從清晨到傍晚，不允許吃任何東西。如果有回教的客戶來台灣適而逢齋戒月，你可能要問他：是否在齋戒？如果是的話，要記得不要邀請他們吃午餐，相反的，他們會很感激有一頓豐富的晚餐，因為他們已經一整天沒吃東西了。

接待穆斯林外賓時，須認明有**HALAL**標誌的食品或餐廳（圖片來源：臺灣清真產業品質保證推廣協會）

　　你也要選擇讓外賓覺得好吃的食物。雖然在台灣的海鮮很好吃，但不是每個人都喜歡海鮮，尤其不是居住在鄰海或湖泊的訪客，所以你應該問他們是否吃海鮮。有些人喜歡辣的食物，有些人也許不喜歡，或者吃辣會有腸胃問題，所以宜事先瞭解清楚。

　　從菜單上選餐點，我們通常會問外賓想吃什麼，有時候客人會說喜歡每樣東西或什麼都吃，然而這並不是真的，總會有某些食物是你的外賓不喜歡吃的，所以當你的外賓說「我什麼都喜歡吃」時，你最好問：「有什麼東西是你不喜歡吃的嗎？」，否則可能就會點到客人不喜歡的食物。

　　在外賓到達前，你可以參考一些文化上的指南書，讓自己瞭解外賓可能不吃什麼類型的食物。問對了飲食問題，你可以確保外賓開心的用餐，你也可以很自信地當個好主人。

案例

回教齋戒月（Ramadan）

　　齋戒月是回曆法的第九個月，阿拉伯人稱之為Ramadan，視之為一年中的神聖月份。全球回教徒在這一個月中白天禁食，還有特別的禱告及誦讀《古蘭經》。齋戒月是回教徒極為聖潔活動的月份，外教人應對此有所認識。

　　齋戒月的開始是根據新月出現天空的時刻及天文學的計算而定。大部分的國家都會有專司宗教事務的機關，以電視、電台以及擴音喇叭正式宣告齋戒月的開始，為期三十天。

　　回教徒在齋戒月中每日禁食的時間，是從第一線曙光出現起到日落止。他們用禁食的行為表示對阿拉的信仰及敬拜，藉此壓抑慾望及

增進靈性。全球各地回教徒集體禁食，他們認為在阿拉之前人人一律平等。在這聖月中，他們不但禁食，還要禁絕一切邪惡或是不好的思想、行為、情緒及言語，包括罵人、計較、貪財、猥褻舉止等。

禁食幫助人體會貧民的感覺和體驗飢餓的滋味，教人分擔不幸者的痛苦，令人感謝阿拉的厚賜。雖然成年人必須禁食，然而八歲以下的兒童、病人、孕婦等是可以在白天正常飲食的。

經過三十天的禁食期，在齋戒月結束之日要慶祝一天，謂之Eid-al-Fitr。這一天眾人聚集一處獻上感恩的禱告。傳統上他們要穿新衣，互相探望親友，交換禮物，吃應景的美食，街上到處都是人，好像其他國家過新年一樣。

 ## 四、重視個人隱私

尊重個人隱私已經逐漸成為一項國際交往的慣例。在接待工作中，接待人員有必要對其予以高度的重視。所謂「個人隱私」，在一般意義上是指某一個人出於個人尊嚴或者其他方面的特殊考慮，而不願意對外公開、不希望外人瞭解的私人事宜或個人祕密。尊重個人隱私，在此主要是指接待人員在與外賓相處時，一定要注意對外賓的個人隱私權予以尊重，不得涉及外賓的個人隱私問題。

在接待工作中尊重外賓隱私的原則，主要是接待人員養成莫問隱私、保護隱私的習慣。

(一)莫問隱私

與外賓進行交往應酬時，接待人員不可任意打聽外賓的個人隱私。按照常規，以下方面的問題均被外賓視為是不宜告人的絕對隱私：

◆年齡大小

在許多國家，人們都將實際年齡視為自己的機密之一，絕對不會主動將其告知於人。究其主要原因，在於外國人普遍忌諱老。他們的願望是自己應當永遠年輕。在他們眼裡，老了就失去了機會，老了就會告別社會的舞台，而年輕則意味著自己充滿了活力與希望。

◆收入支出

個人的收入與支出問題是最不宜直接打探的個人隱私問題。普遍看法是：每個人的實際收入與支出，通常都與其個人能力、社會地位存在著一定的因果關係。因此個人收入與支出的多少，十分忌諱別人的關注。不僅如此，除直接的收入與支出之外，那些可以間接反映出個人經濟狀況的私人問題，諸如銀行存款、股票收益、納稅數額、住宅大小、車型、服飾品牌、渡假地點、娛樂方式等等，因與個人的收入與支出密切相關，所以也是不歡迎外人打探的。

◆健康狀態

人們普遍將個人的健康狀態看作是自己的重要資本。身體健康，意味著自己前程遠大，建功立業的機會很多，並且可以在社會上贏得廣泛的支援。如果身體狀態欠佳，則意味著自己日薄西山，前途渺茫，不僅失去了個人發展的許多機會，而且也難以在個人事業上取得

各方的支持。正因爲如此，當與外國人交談時，不宜涉及其個人的身體狀況，如健康與否、身高、體重等問題，也不可與之交流有關求醫問病的任何事情。

◆婚姻狀態

在國外，此類與婚姻、家庭直接相關的問題，都是人們在交談之中諱莫如深的。對此，外國人的見解是：家家都有一本難念的經，隨意向外人打探此類家庭問題，極有可能觸動對方的傷心之處，傷害其自尊心、自信心，令人感到難堪。在部分國家，向異性打探這類問題，不僅會被對方視爲無聊之至，而且還有可能會被對方控告爲性騷擾，甚至因此而吃上官司。

◆政治信仰

各國的事情應由各國自己負責，各國人民都擁有自行選擇本國發展道路的決定權。合作的成功、雙方的友好，必須不強調政治主張的不同，以友誼爲重、以信任爲重、以國家利益爲重。有鑑於此，接待人員在與外賓交談時，通常不宜對外賓的政治見解、宗教信仰表現出過多的興趣，更不宜對其政治見解、宗教信仰等妄加評論，也不宜唯我獨尊，蠻橫無理地將自己的立場、觀點或一知半解強加於人。

◆無關之私人經歷

英雄莫問出處，在國外普遍流行。它是指與他人進行交往時忌諱打聽其個人經歷。若是一而再、再而三地刨根問底，細查其來歷，往往會給人居心叵測之感。一般而言，接待人員與外賓交談時，除非對方主動告知，私人經歷問題不宜向外賓打聽。

◆生活習慣

個人習慣與別人毫不相干，所以完全沒有爲外人所瞭解的必要。他們認爲，倘若對他人的個人生活習慣過分地感興趣，不是別有用心，就是看上人家了，因而都是很不正常的。有關個人飲食、起居、運動、娛樂、閱讀、交友等方面的生活習慣，都在其祕不示人之列。

(二)保護雙方隱私

接待人員除了要做到莫問他人隱私之外，還應當努力做到保護隱私。只有在這兩個方面都做好了，才可以說是眞正地懂得了尊重隱私。所謂「保護隱私」，在此特指接待人員在接待工作中應盡力不傳播、不洩露隱私問題。換言之，就是要主動採取必要的措施去維護個人隱私。

就具體內容而論，要做到保護隱私，需要兼顧保護自己的個人隱私、保護我方人員的隱私、保護外賓的隱私與保護其他人士的隱私這些方面的內容。

◆勿談個人隱私

接待人員須具有必要的自我保護意識，並在實際工作中採取相應的措施。保護自己的隱私，乃是接待人員自我保護的一個重要方面。接待人員必須牢記，與外賓交際應酬時，千萬不要對自己的個人隱私問題直言不諱，甚至有意無意地廣而告知。

即便間接地這樣做，也是不允許的。如果在接待工作中，接待人員動不動就對別人大談特談自己的個人隱私，並不會被外人視爲爲人坦率，而是可能被人視爲鄙俗淺薄、沒有教養，甚至會被理解爲別有用心，聲東擊西。

◆保護我方人員的隱私

在保護自己的個人隱私的同時，接待人員還必須注意到保護其他人員的個人隱私問題。同時兼顧到這兩方面，我方人員在接待工作中才不至於失去自尊。保護我方其他人員個人隱私的具體措施就是不允許向外賓主動傳播、主動洩露、主動擴散其個人隱私問題。與外賓交談時，一方面，我方不宜以此類問題作為交談的話題；另一方面，當外賓涉及此類問題時，我方均應予以委婉迴避。

◆保護外賓的隱私

由於種種原因，接待人員往往會對一些外賓的個人隱私問題有所瞭解，但接待人員必須清楚：自己的這種特權絕對不可濫用。不論是所瞭解到的外賓的個人隱私，還是外賓主動告知的其個人隱私，不管是在公開場合還是在私下，接待人員都切切不可將其向外界披露，否則就會有悖於自己的職業道德，更會失去外賓的信任，甚至惹出麻煩。

◆保護第三方人的隱私

在接待工作中，對其他人士的個人隱私，接待人員也有保護的義務。對接待人員而言，若對其他人士的個人隱私暢所欲言，甚至無中生有，或道聽塗說、以訛傳訛，不僅有失身分，有損人格，而且還會給外賓留下不佳的印象。

五、送禮的技巧

饋贈作為社交活動的重要手段之一，受到古今中外人士的普遍重視。饋贈作為一種非語言的重要交際方式，是以物品的形式出現，

以物表情，禮載於物，起到寄情言意的無聲勝有聲的作用。得體的饋贈，恰似無聲的謝意與敬意，給交際活動錦上添花，給人際之間的感情和友誼注入新的活水。

然而送給誰（Who）、為什麼送（Why）、如何送（How）、送什麼（What）、何時送（When）、在什麼場合送（Where），是一個既老又新的問題，因此，我們只有在明確饋贈目的和遵循饋贈基本原則的前提下，首要弄清以上6W才能真正發揮饋贈在交際中的作用。

(一)饋贈的目的

任何饋贈都是有目的的，或為交結友誼，或為祝頌慶賀，或為酬賓謝客，或為其他，但大多脫離不了以下數種：

1.以交際為目的的饋贈。
2.以維繫人際關係為目的的饋贈。
3.以酬謝為目的的饋贈。
4.以公關為目的的饋贈。

送禮是人際間感情傳達的一種方式

(二)贈禮的禮儀

要使對方愉快地接受饋贈，並不是件容易的事情。因為即便是你精心挑選了禮品，如果不講究贈禮的藝術和禮儀，也很難使饋贈成為社交助力，甚至會適得其反。那麼，饋贈時應注意哪些禮儀呢？

◆禮品的包裝

精美的包裝不僅使禮品的外觀更具藝術性和高雅的情調，並顯現出贈送者的文化和藝術品味，既有利於交往，又能引起受禮人的興趣，從而令雙方互動愉快。好的禮品若沒有講究包裝，不僅會使禮品遜色，使其內在價值大打折扣，使人產生平凡無奇之感，而且還易使受禮人忽視禮品的內在價值，而無謂地折損了送禮之初衷。

◆贈禮的場合

贈禮場合的選擇，是十分重要的。尤其那些出於酬謝、應酬或有特殊目的的饋贈，更應注意贈禮場合的選擇。通常情況下，當著眾人之面卻只給一群人中的某一個人贈禮是不妥的。因為那會使受禮人有公然受賄之感，而且會使沒有收到禮的人有受冷落和受輕視之感。

給關係密切的人送禮也不宜在公開場合進行，只有禮輕情重的小禮物才適宜在大庭廣眾面前贈送。既然是關係密切，送禮的場合就應避開公眾而在私下進行，以免給公眾留下你們關係密切完全是靠物質支撐的感覺。只有某些特殊禮品，方才在公眾面前贈予。因為這時公眾反而可以變成你們真摯友情的見證人。如一本特別的書、一份特別的紀念品等，最好當著受禮人的面贈禮。

贈禮是為了鞏固和維持雙方的關係，因此贈禮時應當著受禮人的面，以便於觀察受禮人對禮品的感受，並適時說明禮品的功能、特性等，還可向受禮人傳達你選擇禮品時的獨具匠心，從而激發收禮者對你的感激和喜悅之情。

◆贈禮時的態度、動作和言語

只有親切友善的態度、落落大方的動作並伴有禮貌性的語言表達，才是令贈受禮雙方所樂於接受的。那種作賊式的偷偷摸摸把禮品置於桌下或房間某個角落的做法，不僅達不到饋贈的目的，甚至會適

得其反,引人反感。

◆**注意贈禮的時間**

一般說來,多在相見或道別時贈禮。

(三)受禮者之禮儀

1. 受禮者應在讚美和誇讚聲中收下禮品,並表示感謝。一般應讚美禮品的精緻、優雅或實用,誇獎贈禮者的周到和細心。
2. 雙手接過禮品後,視具體情況或拆開看或只看外包裝,還可提出請贈禮人介紹禮品功能、特性、使用方法等請求,以示對禮品的喜愛。
3. 只要不是賄賂性禮品,一般最好不要拒收,那會很失贈禮人面子的,可以伺機回禮就是了。

受禮者收下禮品後應欣喜表示感謝

第十一章

商務餐飲禮儀

- 用餐基本禮儀
- 自助餐會之禮儀
- 餐桌禮儀
- 飲酒之禮儀
- 敬酒與祝酒之禮儀
- 喝咖啡之禮儀

餐桌禮儀是歐美國際禮儀中極為重視之一環，因此幾乎所有人都是從小開始學習，據說小至兩歲時能上餐桌就開始教了。舉凡湯匙刀叉之使用、就座坐姿與離席之規定、如何與他人互動、席間之話題等等，均為是否擁有文明教養之指標，豈能不慎？

一、用餐基本禮儀

在商務交往中，我們有許多的機會與他人共餐或是同飲，由於中西餐飲禮儀有極大的不同，因此用餐的禮儀與習慣宜入境隨俗。譬如西式餐飲中湯總是第一道就上桌而非最後才登場，這就與國內習慣頗為不同，此外還有許多地方也是我們必須知道的。

一般在國外的習慣多是以晚餐歡迎客人的抵達，如同我們所說的為客洗塵一樣，故有所謂的歡迎晚宴（Welcome Dinner），晚餐後大多不會安排節目，以便讓遠道來客可以好好休息一晚，解除舟車勞頓。而客人會議完成或是參訪完畢時多以午餐宴客，以便客人還有時間訪友、購物，或是有充裕的時間搭機返國，這就是歡送午宴（Farewell Lunch）。當然還有一些開幕、閉幕、產品發表、簽約等儀式之後，以簡單的飲食款待來賓，這就是雞尾酒會（Cocktail Party）。

無論晚餐也好，午餐也罷，參加者一般多是以正式餐會之

雞尾酒會通常是開幕或產品發表等活動時所舉辦之餐會活動

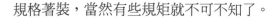

規格著裝，當然有些規矩就不可不知了。

(一)進入餐廳

　　不論是否已有訂位，在到達餐廳等待區時，必須先告訴帶位人員總共有幾位、是否有預訂等，再由帶位人員帶領依序進入，千萬不可自行闖入，隨便就座，不但給人粗魯無禮的感覺，並極有可能被服務人員請出餐廳外，十分難堪。如果沒有服務生幫助就座，男士應該主動爲女士拉出座椅，待女士坐下來後才可以回到自己的座位坐下，一切動作自然優雅，毫不造作，女士們則樂於讓男士有服務的機會。我在國外從來不曾看見女士自己拉出座椅就座的。

(二)餐桌排列方式

　　正式餐桌排列方式多會在桌面上擺上各人名牌，必須依指定入座，原則上以主人位爲尊，其次是主人的右手邊、左手邊尊卑順序，離主人愈近，表示越受到主人的重視。而敬陪末座者多是離主人距離最遠者，所以外國人餐會時，誰是主客、誰是陪客一目瞭然，絕對不會弄錯。如國內聚會時彼此謙讓、推辭的情形是不會發生的。

(三)自助式餐會

　　自助式餐會在取菜時必須注意，原則上由取盤處開始依順序前進，先取用沙拉、開胃小菜等，再取用配湯，之後取主食與酒類，最後是甜點、咖啡、茶或甜酒等。取菜時最好酌量、分類取用，例如取用海鮮時，避免同時又取肉類等，放在同一盤內十分刺眼且會混淆味道，最好以其他蔬菜搭配食用。這一點由餐廳供應之餐盤有冷餐盤與

溫熱餐盤兩種即可區分。

(四)正式餐會

　　如果是正式的餐會，在開始用餐時，主人多會用湯匙輕敲酒杯，表示有人要說話請大家安靜，待大家安靜下來後，主人會致詞歡迎大家的光臨，在介紹貴賓後，也可能會請大廚師出場為大家介紹各種菜色，之後才開始用餐。

(五)輪流取菜

　　若在餐桌上輪流以大餐盤取菜時，必須注意由主人開始順序取菜，由於用餐人數早已確定，務必酌量取用，如生蠔、乳鴿等也只可一次取一個，避免後面的人面對空盤無菜可取，十分尷尬。所有人取菜之後，必須待主人開動，其他人才可跟進用餐。

(六)謝飯禱告

　　在基督教及天主教國家，於享用第一道菜之前會有謝飯禱告，此時必須低頭閉眼保持安靜，最後，與大家同說「阿門！」，方才結束禱告開始用餐。此時不可東張西望，或是一副事不關己狀。

(七)注意姿勢

　　用餐時，須注意姿勢，手臂不可張太開，以免妨礙鄰座。用刀子切肉時，最好切一塊吃一塊，不要切得滿盤子堆滿了肉塊，不太好看。但是兒童例外，可由父母幫其全部切好再一塊一塊吃。咀嚼食物

時必須閉口，並避免發出聲音。一般來說，歐洲人進餐時雙手分持刀叉，以左叉右刀切食，而美國人經常是切好食物後，把左手的叉子交給右手，再以右手進餐，所以歐洲人喜歡嘲諷美國人不會使用刀叉！

用餐時，以左手拿叉右手拿刀分切食物

(八)其他注意事項

1. 女士用餐前最好用紙巾（不可用餐巾）拭去口紅，以免在餐具上留下唇印。

2. 一般食用完生蠔、龍蝦、蝸牛等較有腥味的食物後，多會附上洗指碗（Finger Bowl）以便洗手指，為避免混淆起見，多會在洗指碗內放一朵鮮花等加以裝飾區別，若當成飲用水一飲而盡，保證震驚全場。

3. 喝湯時，若盤碗的底層湯汁不易喝掉，可以傾斜方式取用，若小型湯碗可以拿起來用，但湯盤則不可離桌。

4. 吃水果時，必須用刀子將水果切塊後，以叉子取用。

一般食用完較具有腥味的食物後會附上洗指碗

香蕉亦須切段取用，不可直接用口咬食。果核則應輕吐在叉子、餐巾紙或湯匙中，再倒入餐盤內，直接從口中吐在餐盤上十分不雅。

5.敬酒時，必須先由自己身邊的女性先敬起，再依序漸敬漸遠。不可一下子東一下子西，非常不禮貌。女性一般不主動向人敬酒，有人敬酒時可以果汁代替。此外，國外並無乾杯、灌酒、拚酒等習慣。

在餐廳內不可做的事

1.用力拍裂濕紙巾，驚擾他人。這一點在國內非常可怕，居然沒有人瞭解這麼做是十分粗魯無禮的。
2.口含食物，高談闊論。
3.當眾抓頭搔癢、挖耳摸鼻、化妝擦粉。
4.玩弄、敲打餐具，拿餐巾在指尖上旋轉。
5.在公用食物盤中挑三撿四尋找自己喜愛的部分，好像在垃圾桶中尋寶一般。
6.排隊取菜時不依眾人遵行的方向，插隊或跳躍行進均屬不妥。

二、自助餐會之禮儀

自助餐會（Buffet）是非常流行的宴會方式，客人可以隨心所欲，依照個人的口味與嗜好挑選美食與飲料，依照個人的食量斟酌菜量，實在相當方便又不致浪費，主人在費心準備菜色時也可以比較不用傷神，生怕顧此失彼，讓參加的賓客心中不舒服。另外就是既然名之為

「自助餐」，當然服務人員也不必如正式宴會這麼多，他們只需負責餐檯上之食物不虞匱乏，賓客使用過的餐具適時收走即可。而另外一項好處是一般大多沒有固定的座位，所以可以讓賓客自由認識交談，

自助餐會是一種廣受歡迎的宴會方式

在拿飲料或取餐食時，有機會彼此互動，充分發揮社交的功能。

用餐時之注意事項如下：

(一)座位

進入會場後，先不要急著找尋餐檯，首先找到座位，雖說沒有固定的座位，但是有時仍會為主人及貴賓留下部分座位備用，此時最好別逕自坐下，更不可以把放有Reserved的牌子移開，以免造成主人困擾。物品放妥後前往餐檯取餐時，請先將餐巾打開放在椅子上或椅子扶手上，表示此座位已有人坐了。

(二)取餐順序

先看一下餐檯採單排還是雙排，如果是雙排，則一定會有雙排的配套，如雙份餐具、雙排菜餚等，此時可依序排隊取用。習慣上第一次會取用沙拉、熱湯等當作前餐，配以麵包、乳酪等。第二次取主菜如肉類、魚類、海鮮類等，要記住一次拿一種，不要混在同一盤中，

不但味道彼此影響,而且看起來也不太好看。一次不要拿太多,即使是想幫同桌的人一次拿足夠也是不妥的,如此也失去了自助餐的基本意義了,不是嗎?

最後拿甜點、水果等,然後是咖啡、茶等餐後飲料。飲料一般都由服務人員送來,或者在餐檯旁有附設飲料Bar,可自行前往取用。

(三)餐具

不論是大小餐碟、湯盤、酒杯等,使用過後可留在自己的餐桌上,以便服務人員收走,每取一道餐都換用新的盤子,千萬不要拿著髒兮兮的餐盤去取第二道、第三道餐,如此保證其他排隊的人倒足味口。

(四)離座

離座時必須對其他在座的人說:對不起!(Excuse me!)然後起身把餐巾放在椅子上(注意:不是桌子上,以免被誤認是已用完離席)再去取用餐點。

(五)取餐

除了須依序取餐外,在取餐時,儘量避免把食物掉在餐檯上,將湯汁灑在湯鍋外,湯杓用完不要放在湯中,以免下一個人用時會燙手。明蝦、生蠔等請酌量取用,幫後面排隊的人設想一下。若食物即將用罄時,可告知服務人員補充之。如遇兒童、婦女掀蓋不易時,不妨適時出手協助之。

(六)用餐

同桌用餐者並不一定相識，此時不妨主動自我介紹以示友善，談話也以輕鬆、幽默之話題為妥，在輕鬆的氣氛下多開擴自己的人際關係，用餐的速度雖然沒有規定，但最好與同桌其他的人不要差距太大才是。

三、餐桌禮儀

在諸項國際禮儀當中，餐桌禮儀無疑地占有極重要的位置，因為這是我們每一個人都有許多機會遇到的，在與其他人如此近距離相處時，個人的動作舉止都會影響到身旁的人，所以無論用餐、取物、坐姿、表情、使用刀叉的方式等，都會映入在座者之眼簾，當然也就成為彼此互相認識、判斷個人生活教育水準的重要時機了。因此，有些基本的餐桌禮儀是不可不知的。

一旦養成了良好的餐桌禮儀後，不但會讓個人自信心大增，言談之間也談笑風生，顧盼自得。同時，良好的禮儀易給他人留下良好的印象，對促進人際關係、開擴交友之路也是助益匪淺的。

(一)姿勢

坐姿必隨時注意。由於餐桌一般座位與座位之間並不寬，所以手肘須向內收，以免妨礙兩旁之人，壓縮到他們的用餐空間。

上身宜挺直，不可彎腰駝背。無論男女，一直弓著背低頭大吃總是不雅，看起來好似趴在桌上進食一般。若是能挺直腰桿（可以不必

像職業軍人那麼直）會給人精神狀態極佳的感覺。下半身則要注意雙腳放置的位置，儘量不要太向前，也不宜分得太開，否則不僅令鄰座觀感不佳，也會讓上半身自然下彎。試試看將雙腳向內收，是不是上半身會自然挺直了呢？

由入座到離座都須保持一貫的良好姿勢，有些人在剛入座時可能相當正確，但是用過一兩道菜後就忘得一乾二淨，所以要隨時提醒自己。

(二)餐巾

在我們入座時，一般餐巾都已折疊整齊地放在座位前，入座後進餐時可以把餐巾攤開平鋪在腿上，其作用是在防止進餐時湯汁或食物不小心掉在身上弄髒衣物。如果當天的餐食有些不易處理的食物，如龍蝦、烤田螺等，或是湯汁較多的食物，不妨把座椅向前移儘量靠近餐桌，如此你將會發現相當有幫助。

有些人會將餐巾塞入領下，以便遮蓋的面積更大，但似乎只有美國人才這樣做，一般多是兒童或是一些動作不方便者的圍餐巾方式。成人這麼做在平常是無所謂，但在正式餐會則顯得突兀。

暫時離席時，可將餐巾放在椅子上，表示座位之主人將返回，服務人員就不會清空桌面。用完餐離席時，才將餐巾放在桌面上。

將餐巾攤開平鋪在腿上，可避免用餐時不慎弄髒衣物

餐巾的功能除了防止食物掉落外，還可用來擦手、擦嘴上的油汙，但是不可用來擦拭餐具、擦掉口紅，口紅應該在入座後以餐巾紙先行拭去，而非使用餐巾。

(三)餐具

不可用餐巾或是紙巾擦拭餐具，否則表示餐具不清潔，服務人員一見可能會趨前來幫你再換一套，要知道把髒的餐具擺上桌是對客人的汙辱，也是餐飲業的大忌。若真的發現餐具有上述情形或是有裂痕時，可示意服務人員重新換一套新的，此舉並無不妥。

(四)刀叉

不可手持刀叉在空中指點、比劃；與人交談時，必須暫停切食物和食用的動作，更不可說話時以刀叉指向對方，此點非常粗魯。說話時，手中仍可握著刀叉，但應將雙手放在餐桌上。

刀叉的擺放位置十分重要，若盤中食物已吃完，可以把刀叉放在盤中表示已用餐完畢，服務人員自然會把這一道的餐具收走。至於刀叉在盤中如何擺放則各有不同，可以刀叉平行擺，也可以交叉擺，均無不妥，其原則就是刀柄與叉柄必須離開桌面，刀刃宜朝

把刀叉放在盤中表示已用餐完畢

內，叉齒宜朝下。

　　若是仍意猶未盡時，則可把刀叉分開放置於餐盤兩側，叉左刀右，雙柄接觸桌面即可，此時在旁之服務人員自然會知道你想再要一次佳餚（Second Serve），這是因為正式餐會所有食物都是放在一大餐盤中一道一道的上，如果覺得喜歡可以要求再多一些的，只要盤中食物仍有多餘的話。當然，如果是自助餐會就沒有這個問題了。

　　進餐時若刀叉不小心掉落地面，此時只需要告知服務人員更換乾淨的即可，不自行清理掉落的刀叉，更不可以用餐巾擦拭過再繼續使用。

(五)音量

　　進餐時愉快交談是非常好的事情，這也是社交的重要目的，但是不要大聲吼叫、喧譁，保持適當的談話音量是必須注意的，以免妨礙他人進餐的情緒。有些高級餐廳已規定在餐室內不可以使用手機，以免在場的其他客人都必須被迫聽你談論個人的私事，若真的要談話，不妨走到其他地方繼續交談。

(六)喝咖啡、紅茶

　　咖啡、紅茶倒入杯中後，可依個人喜好再加入奶精及糖等調味。喝咖啡或紅茶時，應端起茶碟，飲用時小湯匙放在碟上，不要放在杯中。用一手持杯一手端碟的方式，如此可以避免彎腰飲用之不雅姿態。

(七)敬酒

　　飲酒時應舉杯互祝，除非坐得太遠，否則應碰杯為禮，若數人同時舉杯，可以互相交互碰杯再飲酒。據說碰杯由來係源自古希臘，他

們覺得飲酒時除了欣賞酒的色澤、氣味和味道之外，獨缺聲音，於是以碰杯方式增加飲酒之樂趣，聽到鏘的一聲，更令人感到歡愉，但若是杯子有裂痕則將視為不祥，必須請服務人員換杯後再碰杯。

(八)其他注意事項

1. 進餐時不要狼吞虎嚥，一副餓死鬼狀，既然是交際場合，理應以最佳姿態用餐，若有大塊食物也是以切一塊用一塊較得體，只有兒童才由父母親幫助其切成小塊狀以便食用。

2. 口中有食物時避免說話，若此時剛巧有人跟你說話，應以手勢告知口中有食物，然後表現出盡快將口中食物嚥下的樣子，當然也可以喝點水加速吞嚥。

3. 有些人覺得飯後剔牙時只要掩口即可，殊不知無論男女，在公眾場所剔牙並不妥當，最好還是去洗手間為之較有禮貌。日本人對於國人餐後公開剔牙感到驚訝，有些人還口中叼著一根牙籤走路，狀似地痞無賴卻還洋洋自得。

4. 在席間打嗝是非常不禮貌的，若真是無法控制，可用喝水、屏息等方式使症狀減輕，若仍無效，則最好去洗手間，等廢氣消除後再返回座位。

5. 在眾目睽睽下補妝是十分失禮的，應該去化妝間完成，所以西洋女性上洗手間的文雅說法是「去洗手間補補妝」。

6. 時下不但女性可以秀髮飄逸，有些較前衛的男士也有一頭長髮，因此進餐前最好整理妥當，以免不小心頭髮和你一起喝湯用餐，就讓人倒盡胃口了。

四、飲酒之禮儀

　　我國國民一向以豪飲而自豪，自古以來無論是騷人墨客、儒臣武將，甚至販夫走卒，人人均以能飲而留名為榮，若能得個「千杯不醉」的美名，更是為之躊躇滿志，喜不自勝，似乎已把豪飲與大丈夫氣概劃上了隱隱的等號。但是西洋飲酒文化與我們卻是迥然不同，大異其趣。

　　西方世界視飲酒為品酒，類似我國的品茗。不但講究飲酒的器皿，即酒杯、酒壺，飲酒的場合和氣氛也十分重視，當然飲酒禮儀方面則就多更多了。由觀酒、嚐酒、醒酒、聞酒，甚至還有聽酒之說（香檳酒）。至於酒莊的典故、哪一年份的什麼品種酒，更是一門大學問。對於什麼種類的酒適宜搭配何種菜餚、何種乳酪及其他配料，都有一套見解。以我們一般對西洋食物烹調的水準而言，若想要澈底瞭解可以說是非常艱難的。

　　以下是一些飲酒文化的基本注意事項：

(一)酒杯的種類與功能

　　幾乎每一種酒都有適合該酒特性的酒杯，常常可以見到的就有啤酒杯、香檳酒杯、葡萄酒杯、白蘭地杯、威士忌杯、甜酒杯、雞尾酒杯等等，不一而足，如果用錯酒杯則必定令人吃驚，會被認為連最基本的飲酒禮儀都不懂，相當低俗，這情形就好像看見有人拿洗手間的衛生紙擺在餐桌上當餐巾紙一樣的粗俗。

　　不但酒杯的形狀各異、材質不同，連拿酒杯的方式也不一樣，譬如喝白蘭地時要用手掌握住杯子的下半部，利用手掌的溫度讓白蘭地

酒香揮發出來，增加酒的甜美。而喝紅酒時則只能用手指握住杯柄，然後輕輕晃動杯中的酒，以利酒與空氣充分接觸，達到醒酒的目的。若是手掌接觸到酒杯，則其溫度反而會影響葡萄酒的風味。

喝紅酒時輕握杯柄，以免手掌溫度影響酒的風味

　　紅葡萄酒如此，白葡萄酒則又另當別論了，這是因為白葡萄酒在飲用前必須冷藏至某一溫度才是味道絕佳之時，為了保持佳釀，整瓶酒都必須放在有碎冰塊的冰桶之中，瓶外再加上白色餐巾之避免冰塊融化時會弄濕手，當然倒入杯中的酒不宜久置，因為溫度會漸漸影響酒的風味。怎麼樣，規矩夠多吧！

(二)如何點酒？

　　一般正式的餐廳會有兩張菜單，第一張是菜單（Manu），第二張則是酒單（Wine List）。點完主菜之後侍者會將酒單送上，此時可以根據自己的喜好點選飲料，如啤酒、可樂、果汁等，但這些只是幫助下嚥的飲料而已。

　　稍為正式一點的場合多會有佐餐酒，通常是葡萄酒，侍者多經驗豐富，而且又關係著他們的收入，因為飲料、酒類的利潤是他們額外收入的一部分（另外一部分則是小費），所以他們都會把酒單拿給主角，如果你正巧是主角，而剛好又不太會點酒，不用緊張，面對酒單欣賞欣賞，然後轉頭看看侍者，問道：你有什麼建議呢？（What do you suggest?）這些經驗豐富的服務人員只要看你主菜點的是多少金額的菜，心裡就已經有譜了，他自然會推薦一些風味與價格均相當合宜的酒給你，相信他，他是不會害你的。

(三)如何品酒？

侍者於酒窖中取出葡萄酒後一定會拿到餐桌旁，雙手奉上，請主角當面檢查是否正確。什麼東西正確呢？係酒名、酒莊、年份等。檢查完畢立即當場開酒，開瓶後會先倒約五分之一酒杯的酒在主角面前，意在請你嚐嚐看味道對不對？此時須依下列步驟做才正確：

1.拿起酒杯微微傾斜對著燈光或窗外光亮處，看看杯中物是否色澤清澈亮麗，若酒色混濁，飄著雪花，很可能是已經變質了

2.輕搖酒杯，使酒與空氣充分接觸，以便酒的香氣釋放出來。用鼻子就著杯口深深地聞，仔細辨別其複雜的香氣，如花香、果香等。

3.一飲而盡，但不要喝下去，將酒留在口中，體會它，感覺它，葡萄酒的醇甜香美就在此刻了。

4.最後吞酒入腸，然後滿足地點點頭，說聲：Good! 也就完成品酒的儀式。此時侍者會為在座位的每個人斟上美酒，而主角總是最後一個才輪到的。

開瓶前的確認動作

五、敬酒與祝酒之禮儀

　　西洋人飲酒時也常敬酒，不過只敬不乾，也不興拚酒、鬥酒那一套，與我國的飲酒方式差異相當大。敬酒時必須由自己身旁之人開始敬起，而且一樣是女士優先，先由女士敬起，然後由近而遠逐一敬酒，直至敬完全桌的每一個人為止。喝酒時只以唇碰酒杯，然後飲下少量的酒即可，不必大口大口的喝，女士或有其他原因不飲酒的人可以用飲料代替酒，不算失禮，而女士，除了女主人外，是不可以主動敬酒的，否則會給他人輕佻之感。

(一)舉杯同祝

　　這種場面在電視、電影上常常可見，總是會有一人在人聲吵雜的宴會中，以小湯匙輕輕敲打酒杯，聽到這種噹噹噹的聲音時，表示有人要發言了，所人均會安靜下來，此時這位仁兄可能會說：為了感謝主人的邀約，讓我們大家一起舉杯祝福主人全家健康等等，或是恭喜某人即將訂婚，或是誰才剛剛成為人父；當然也可以聽見：祝福女王、祝福國王等等官式的祝賀語。

　　與人敬酒時，若距離不遠，多以酒杯互碰，發出鏘之聲音方為得體，若距離較遠，則可以點頭、舉杯方式敬酒，但是不可以隔桌敬酒，甚至如我國酒宴時大聲喧譁、划酒拳等均是非常不妥的，唯一可以大聲唱歌喧鬧的場所是在啤酒屋，或是PUB及BAR內。

(二)酌量飲酒

依個人之酒量適度飲酒可以助興，增加歡樂的氣氛，但注意不要飲酒過量以免失態，另外也不可強迫他人飲酒，否則亦可能引起對方之不悅，失去了社交的意義。一般國外對飲酒過量均有罰則，除了許多飲酒場所外多有附設之酒精測量器，以一根吸管插入測量器中，然後深呼吸緩緩吹氣，可立即得知自己體內的酒精含量，看看是否仍能繼續飲酒、能否開車等。

如果有飲酒過量的情況出現，店員可以拒絕再賣酒給酒客，否則有觸法之可能，像國內常可見到酩酊大醉的情形在國外則十分罕見。如果酒後駕車，處罰更是極為嚴厲，一般而言，警察都會以現行犯處理，當場扣車、上手銬，帶回警局拘留，直到第二天酒醒後有人來作保為止，而該人之駕照極可能被停一年半載的，若是再犯，就有可能終生吊照。酒醉駕車被逮捕者不但被重罰，而且將被親友和同事所鄙視，因為這是一件極不光彩的事。

六、喝咖啡之禮儀

1. 咖啡杯的拿法：餐後咖啡的杯子大多為袖珍杯，其杯耳較小，飲用者的手指無法從杯耳穿出，假若餐後咖啡杯較大時，也別將手指穿過杯耳端起杯子。正確的拿法是以拇指與食指捏住杯把，再端起杯子。
2. 咖啡加糖的方法：加糖時，可以用咖啡匙舀取砂糖加入咖啡中；若方糖罐中有糖夾，可先將方糖夾出，放置於咖啡盤靠近身體的邊緣，再用咖啡匙將方糖加到咖啡中。

3.使用咖啡匙的方式：咖啡匙是用來攪拌咖啡的，飲用時應將它取出，而且別用咖啡匙輕舀咖啡慢慢啜飲，也別用咖啡匙搗碎方糖。

4.飲用咖啡的方式：剛沖煮好的咖啡溫度較高，此時可用咖啡匙輕輕攪拌，使咖啡冷卻，或等咖啡自然冷卻後再飲用。用嘴吹氣將咖啡吹涼是不禮貌、不文雅的舉止。

5.咖啡杯盤的使用：咖啡杯盤應置於飲用者的正面或右側，杯耳指向右方。飲用咖啡時，可以用右手輕捏咖啡杯耳，左手輕托咖啡盤，慢慢移向嘴邊啜飲。飲用時不宜滿握杯把、大口吞嚥，也不宜俯首屈就咖啡杯飲用咖啡。飲用咖啡時，別發出聲音。加咖啡時，別將咖啡杯從咖啡盤中拿起。

6.咖啡點心的禮儀：飲用咖啡時通常會搭配點心、糕點，但請別一手端著咖啡，一手拿著點心。飲用咖啡時須將點心糕點擱在點心盤中，而吃點心糕點時則須將咖啡杯盤置於桌上。

使用咖啡匙將方糖放入杯中

案例

　　在法國未徵得女主人的同意前，不可為自己或別人斟咖啡。

　　阿拉伯人幫別人倒咖啡時，只許倒「半杯」，若倒滿一整杯表示「你喝完就可以滾蛋！」之意，且通常都會續杯，拒絕就很沒禮貌。

　　在土耳其邀請人到家裡喝咖啡，代表著主人最高的誠意。除了要稱讚咖啡香醇好喝之外，還要切記：即使喝得滿嘴都是咖啡渣（因為當地人喝咖啡不過濾），也不能喝水，那是暗示咖啡不好喝。此外，端杯子時，不可以把小拇指翹起來，「翹小指」在國外有「性暗示」之意。所以當杯子附有杯耳，端杯時都不可以翹小指！

第十二章

正式商務場合之禮儀

- 參加展會之禮儀
- 剪綵之禮儀
- 簽約之禮儀
- 酒會之禮儀
- 參加演講會之禮儀

我國為以外貿導向之經濟體，因此常有參加國際商務場合的機會，這也是一般人較不熟悉的領域，包括參展、剪綵、簽約、雞尾酒會以及參加正式演講會等。這些正式場合均有一定之規則與儀式，我們若是有機會參與其中，行為舉止與禮儀就顯得格外重要了。

一、參加展會之禮儀

近年來全球貿易急遽加速，國與國之間之經濟互動也大幅提高，這也就是國際貿易活動蓬勃發展之現況，隨著貿易互動之大幅增加，對貿易有重大助益之展覽會也在全球各地紛紛舉辦，而由於展覽會的大量舉辦，因此許多人都有機會參與其中，因此有一些在展會上的相關禮儀我們是必須知道的。

首先我們先來談參展公司的員工禮儀，一個有制度的公司如果決定參加某一個展覽後，到展覽真正開始的這一段期間不知要開多少次會，修正多少內容。由攤位位置、攤位裝潢，展示品之選擇、運送、報關，到參展人員的挑選訓練、文宣印製、客戶邀約、舉行座談會、產品發表會等等，事項繁多。其中涉及專業的部分各參展公司自會有所取捨抉擇，我們討論的是一通則：員工之應有禮儀。

能夠被公司選派出來參加展會的員工，理應是相當優秀的人員，公司希望藉由員工之努力介紹、說明、推銷，進而增

展覽會已成為國際貿易交流的重要平臺

加新的客戶，擴大公司的業績績效，所以一般在人選方面自然是精心篩選，選出之人必定也須經過相當程度的訓練，務必確定其對公司產品之澈底瞭解，在向客戶解說及回答問題不致發生錯誤，影響公司之形象。

　　儘管專業非常重要，但參展人員在展會中代表的是公司，其言行舉止一樣也是十分重要的，以下就是員工必須注意的事項。

(一)服裝儀容

　　參展人員在每天前往會場前必須仔細檢查自己的服裝儀容，服裝是否清潔平整、鈕釦是否完好、拉鍊是否正常；其他如男性之髮型、鬍鬚之刮剃，女性之

參展人員須留意自己的服裝儀容是否合宜

髮型、化妝、服裝等是否妥當。如果展會後有餐會或酒會時，是否已攜帶備用服飾更換（歐美國家一般女性在「會後會」均會避免穿著與白天展會相同之服裝），無論男性或女性，務必使自己看起來精神奕奕，朝氣蓬勃，給人一見就有好印象。

(二)時間掌控

　　原則上最好在展會開始前三十分鐘抵達，以便展會前之布置、整理工作，在展會的首日尤其更應提早，以免臨時缺東缺西，亂了手腳。展會完畢也必須把所有東西歸位，重要物品上鎖或攜回公司保

管，工作日誌務必確實填寫，客戶名片收妥，確認明日所需用品且詳列清單後方可離開，但是也不宜太晚，以免影響大會工作人員清場之工作。

(三)展覽期間

一般由攤位主管負責安排調度，無論在任何情況下，攤位不可無人看守而大唱空城計。參展人員絕對避免擅自離崗、閒坐聊天、看報喝茶、與隔壁攤位人員聊天、打情罵俏、舉止輕浮、吃零食等不應有之行為。

(四)餐飲

原則上即便是工作人員也應前往大會指定之地點用餐，如果情況不允許，至少也應在客戶看不見之場所，如儲藏室等地方用餐才是。千萬不可一面用餐一面招呼前來參觀之觀眾。

工作人員宜在大會指定之地點用餐

案例

　　我曾經率領一個由公家機關與民間企業合組之電訊業代表前往新加坡參展，民間企業之員工多兢兢業業十分盡責地參展，但是公營機構之員工一到中午十二點就大方拿出公家發的便當在攤位內的客戶洽談桌上用起餐來，這還不打緊，更要命的是餐後竟然把給客戶坐的沙發併起來供午休之用，我驚訝之餘上前詢問，對方竟答以：我在國內辦公室每天均如此啊！上面又沒發中午加班費給我，我當然該休息就休息啊！

(五)迎客

　　有經驗的參展人員都知道，當有參觀者對公司展出之產品表現出興趣時，不必急著向其解說產品，應該待其稍為自由看一看，再伺機稍做說明，待對方表現出進一步興趣時再加以詳細解說，否則訪客一上門就口若懸河說個不停是很容易把人嚇跑的。

　　當對方有意願多瞭解時，邀坐、奉茶（咖啡）、展示是不可少的，當然交換名片、說明後之產品簡介以及公司小贈品均是不可少的。

(六)小贈品

　　小贈品是公司用來給一些潛在客戶之紀念品，員工萬不可以私自取用而假裝已分發完畢，另外有一些參觀者是衝著小禮物而來，此時職員應該以經驗來判斷，如果是則設法技巧性地打發其離去，否則參展時光是應付來要小禮物的人潮就應接不暇了，當然如果公司是要以

贈送小禮物來製造人潮的效果則又另當別論了。

(七)儀態

參展人員的主要工作就是能在人潮中發掘出潛在客戶，為公司之營利提供貢獻。根據調查，百分之七十的參展買主都是前往展會希望能夠發現新型的、自己需要的產品，而其中大多數並不一定會和那些公司簽約，因此在參觀時接待解說人員之表現自然是十分重要的。

一個好的接待人員，除了本身服裝儀容的基本要求外，面對客戶時之目光接觸、手勢、身體語言、個人空間，以及話題切入方式、談話技巧和專業知識等，

參展人員在應對進退上能合宜得體非常重要

無一不是給客戶信心及良好印象之重要因素，如何能在自然、親切的對話間，瞭解客戶真正的需要，從而推薦公司的產品的確是一門學問，許多公司參展時只注意硬體、軟體之品質而忽略了展示人員之訓練，這是相當可惜的。

(八)名牌與名片

參展人員須將名牌依規定配掛，名牌應該清楚掛出，不可放入口袋中或是藏在外衣裡面，更不可以故意掛反，當然也不可以借用他人

的名牌，尤其是在與客戶做介紹時，否則對方一定會有疑慮產生。

　　名片此時稱爲Business Card，也就是商務名片，商務名片只是個人基本聯絡資料的卡片，因此無需華麗與刻意精心設計，但是其數量一定必須足夠，否則即爲嚴重失禮，此與社交場合是不一樣的，至於交換名片的方式，東、西方相當不同，西方人是用一隻手的大姆指與食指拿住名片遞給對方或是放在桌子上的；東方人，尤其是日本人，多是兩手恭敬將自己的名片奉上，接受他人名片時也是一樣。

(九)跑單幫

　　有些參展人員趁出國之便，會帶一些國內之物品，伺機在會場出售以圖謀利，這種情形以落後地區較爲嚴重，曾經有人在電子展會場兜售蝴蝶標本、木雕等，這種行爲會嚴重影響公司形象，如果被大會查獲，其影響就更大了。

(十)展覽品銷售

　　在正式及有規模的大型展會，一般都是不准參展公司在會場內有交易行爲的，因爲此類之展會規定只能展示公司之產品樣本，僅供向客戶說明及展示用的，客戶如果有興趣，可以現場下單訂購，或展會後再聯繫，但是不可以把展示品當成商品以零售方式處理。

　　有些展會規定可以在展會後展出品以特價方式出售，尤其是一些體積較大或較重之物件，不過一定要合法處理，切忌爲了貪一些小便宜而觸法，許多國家對於外國廠商之逃漏稅罰則是相當嚴重的。

(十一)展會結束

大會規定有展會布置時間，每日進場、退場時間，以及最後一天的清理時間，參展人員必須遵守大會規定才是。

每天展覽期間一定是比參觀者早到、晚退，否則參觀者看見攤位上公司的名稱

參展人員必須遵守大會規定的進場、退場時間

或是大會手冊之介紹前來參觀時，發現攤位空蕩蕩無人接待，心中一定會猜疑是否公司發生了什麼問題？有些參展公司在最後一天為了趕飛機返國，或是發現人潮沒有預期中的多，就提早收攤返國去了，只留下一個空的攤位以及攤位上大會標示的公司名稱，這也是相當不好的負面做法，應避免之。

二、剪綵之禮儀

每當公司行號或是機關團體有一些特別重大的喜事時，多會有剪綵儀式之安排，例如商店開張、公路通車、公園啓用、大廈完成，以及其他代表新場所正式開始發揮其功能時，若有剪綵儀式則多有下列注意事項：

(一)服裝

　　由於邀請前來剪綵之貴賓可能不只一人，有時可能多達五、六人共同剪綵，因此為求整體美觀一定會告訴貴賓著正式服裝，甚至還可以請其穿著深色或淺色之正式服裝以求美觀。

　　工作人員之服裝則應是公司制服為主，但負責協助剪綵之小姐則服裝必須加以區隔以示隆重。在我國剪綵小姐多著顏色亮麗之旗袍，國外則多著白色之女用禮服，而且多在髮型、服裝方面力求一致，原則上每一位剪綵貴賓身旁應有一名剪綵小姐在其旁協助其剪綵，因此如果有四人共同剪綵，其身旁就應有四名服裝一致之女郎相伴。

(二)座位

　　原則上僅為貴賓及剪綵者安排座位，當然如果空間夠大，是可以多安排一些觀禮者之座位，剪綵者之座位一定是最靠近彩帶者，以方便其就位及復位。

(三)布置

　　應有橫幅布條上書明剪綵典禮之內容為何，讓人一目瞭然，其次應有麥克風以便致辭時使用，當然由於剪綵是屬於喜慶之事，因此一般如汽球、花籃、彩帶、茶點、背景音樂等均是必備的。

(四)剪綵用具

　　首先是剪綵用的彩帶，一般多為紅色或是粉紅色，在每一剪綵者

之前會有一彩球，平均分布在彩帶之總長度上。另外要準備胸花，以便配置在剪綵者之胸前。其他還有剪刀以及剪刀托盤，剪刀必須選擇鋒利者，最好事前先試剪過，以免剪綵者臨時剪不斷彩帶時會相當尷尬，托盤上最好鋪有紅色絨布，剪刀可以選擇金色者，如此搭配將顯得隆重且喜氣洋洋。

(五)人數

一般剪綵之人數可由一人至多人不等，但是很少超過五人以上的。原則上主人及主賓站於中間位置，以右為尊，每人之距離須等距。

(六)典禮

剪綵儀式前通常會有主辦單位致辭，然後介紹一同參與剪綵之貴賓，多也會有貴賓致辭。致辭完畢後司儀會宣布剪綵儀式開始，此時與貴賓相同人數之剪綵小姐會先至定位（有時甚至會有兩位小姐協助一位貴賓剪綵的情形），手捧托盤，內置剪刀。主人則會邀請剪綵貴賓就定位。

剪綵前一定會請所有參加剪綵之貴賓手執剪刀預備剪綵，此時貴賓應向身旁之小姐點頭示意，然後拿取剪刀，一手執起彩帶，一手準備剪綵，但千萬不要馬上剪下去，這時只是擺POSE，是供媒體及攝影師拍照的。

在司儀確定所有人均已就定位，準備妥當後，媒體也已準備完成時，會依主辦者之示意宣布開始剪綵。

此時剪綵者在身旁小姐協助下剪斷彩帶，剪綵時必須配合其他剪綵人之動作，不可過快或太慢。剪完綵後應將剪刀歸位，手執剪下之彩帶，再度供媒體攝影留念，之後將彩帶及剪刀、手套等交由身邊

的小姐即可。攝影完畢後，在主人指示下復位或是開始進行參觀的活動。

(七)小禮物

剪綵儀式完成後有些主辦單位會開香檳慶祝，在活動結束前也會有分送小禮物的情形，最好事先準備妥當。

案例

剪綵的由來

不論是新廈落成、公司開張，或是公路、大橋通車，一律少不了達官貴人、明星聞人等來共襄盛舉剪綵誌慶一番，不但藉以詔告天下正式完工啟用，並且在剪綵處多會張燈結彩，且有樂隊助興，好不熱鬧。

據說剪綵最早是在20世紀開始流行的，而根據考證最早是源於美國，當時美國若有商店當天開張，多會一早先把店門大大打開，然後在門口橫繫上一條布條表示即將開幕，過往行人一看就知道這家店就要開始做生意了，於是會在門口逗留等待進入。

1912年的某一個清晨，聖安東尼州的華迪米鎮上有一家百貨公司也正依習俗即將開幕，大門早已打開，橫布條也已繫妥，一切都準備就緒，只待將布條取下正式開幕的時刻了。沒想到這時候老闆的小女兒突然牽著她的小狗由店內衝了出來，布條也被扯斷了，這時在大門外等待的群眾一看立刻爭先恐後衝進店內大肆採購，而且整天買氣極盛，店內生意旺得不得了。

由於業務蒸蒸日上，過了不久，老闆又準備開設第二家百貨公司。他忽然想起上一次的意外事件讓他大發利市，於是決定如法炮製，開幕日故意叫小女兒再撞斷布條，果然又是財源廣進生意不斷。

事情很快地就傳開來，從此以後只要有商店開張，一定會找一條狗來故意不小心的撞斷布條，或是請年輕貌美的女郎來代替小狗，後來布條慢慢演變成彩色的布條，並且改用剪刀剪斷彩條，有些講究的甚至還會用白色的手套及金色的剪刀，而剪綵美女之主角地位也由VIP人士取代，只能淪落到站在一旁捧著放剪刀的盤子了。

三、簽約之禮儀

在商業來往中，合約的簽訂為一極其重要的事件，因為簽約象徵雙方（或多方）之合作關係已進入實際階段，從簽約起雙方（或多方）之盈虧、商譽均合為一體互相影響，所以一般來說，簽約是非常慎重的大事。

事實上在簽約以前各方代表及相關人員早已對對方之公司情況、信譽、產品品質、產量以及相關情況澈底瞭解過，可以說是耗費人力、物力極重且花費了相當多的時間在研究瞭解上，當然對於雙方要簽訂合約之內容也早已推敲斟酌過，所以簽約是一種形式，正如男女雙方交往多年最後走進結婚禮堂一般自然而然，可是也絕不能因為雙方早已達成共識就忽略簽約之禮儀與細節。要知道，也有不少公司在簽約時突然覺得不妥或是不公平而反悔拒絕簽約，如此會影響日後雙方再度合作或進一步依存。

(一)合約內文及格式

在商務合約中，原則上多遵循國際慣例。

1. 合約內文可採條列式或是表列式，也有合約是條列與表列並列的，但其內容文字之敘述應力求明確，避免模糊、曖昧之詞，數字以及日期則必須精確以免日後衍生糾紛。

2. 合約原則上一式兩份，多家公司簽約則應各執一份，上面有所有簽約公司及簽約人之名稱，也有公司要求多簽一份以當他用的，如果有此情形，基於公平原則就必須一式四份了。

3. 文字應以雙方之文字並列為原則，如中德、中英文並列等，其翻譯之工作必須由有國際認證的翻譯社為之，以昭公信。當然也可以在雙方同意下以國際通用的英文來當作合約文字。

(二)簽約地點之布置

簽約地點一般多在地主公司之會議室舉行，或是在大飯店租用一間會議室亦可。室內必須擺設簽約桌椅，正式簽約多採用長方形桌，上鋪深色桌巾，其後置坐椅兩張以供簽約代表簽字時使用。

至於是否增加坐椅以供雙方觀禮者及媒體使用，則必須視簽約之重要性以及簽約儀式時間之長短而決定。室內布置力求簡單大方，不宜過度裝飾，一般僅需麥克風、盆花、背景之簽約布幔上書XXX與YYY公司簽約典禮等即足夠。

(三)簽約用品

簽約用品方面則有以下諸項：

1. 簽約筆：原則上使用高級鋼筆，一方面表示慎重，一方面依國際慣例，在簽約完成後雙方多會有互換簽約筆之慣例，以供雙方紀念及展示之用，因此最好使用精美高品質的鋼筆，從來沒有人用廉價原子筆簽約的。

2. 吸墨板：在國內較少見到，因為簽完字後會雙方交換合約，因此在雙方代表簽完字後，在旁之助理人員會立刻用吸墨板將鋼筆字跡水分吸乾，以免合上合約時字跡因而模糊失效。

3. 合約外殼：一般多用精美真皮外殼，內附合約之內文，同樣一式兩套，一模一樣。

4. 香檳：待簽約完成後，依慣例多會開香檳慶祝，所以香檳酒、冰桶、碎冰、香檳杯應事先備妥。

5. 小禮物：可準備雙方公司有象徵性之小禮物，贈予與會嘉賓以茲紀念與答謝。

(四)簽約之流程

1. 雙方人員進入簽約儀式廳。

2. 司儀請雙方演講者就位準備事前之演講，其內容多為讚揚對方之公司以及己方之榮幸能產生合作關係，共創佳績並期待日後更進一步之合作等等。

3. 雙方簽約代表就位，依慣例以右為尊，故客戶方應坐在右手位置。

4. 宣讀合約內容，這一項儀式可以省略或者僅宣讀重點內容即可，當然若牽涉商業機密，如金額、數量等當然更可以省略。

5雙方簽約，在指定位置簽下名字，助理立即以吸墨板吸乾墨漬。

6.雙方由助理交換合約，代表再次簽字，助理再次吸乾墨漬。

7.雙方代表此時再度交換合約，並互換簽字鋼筆以爲紀念。然後互相握手致意。

8.雙方代表合影留念。

9.所有與會人員舉杯慶祝禮成。

(五)其他注意事項

如屬多方代表簽約儀式，則可只安排一張桌椅，桌上擺上應簽之所有合約，如三家公司就有三份，五家公司則準備五份，然後由各公司代表輪流上前在各合約上簽名。

簽約桌一般均是面對入口處擺放，至於國旗問題，兩國簽約以地主國爲主，置於桌右；多國簽約則地主國置右首，其餘國家則可依字母順序依序由右至左排列。也有民間企業不用國旗而是使用自己公司旗以爲標示。

簽約時之服裝應著正式商務禮服爲原則，即深色整套之西服，如果有制服，簽約代表著公司制服亦可，其他與會人員也應著正式服裝以示重視。

四、酒會之禮儀

雞尾酒會（Cocktail Party）又稱爲酒會（Reception），爲目前世界上社交中頗爲風行的一種活動方式，其目的多是爲了慶祝節慶（如國慶、跨年等）、展覽開幕、消息發表、公司行號開張等，是一種在時間與花費兩方面均較經濟的聚會，時間多是在下午四點至七點之

間，有些雞尾酒會之後緊接著有正式餐會舉行。

其餐飲內容較爲簡單，多以小點心，如餅干、蛋糕、小肉捲、乳酪、魚子醬三明治等小巧易取又不沾手之食物爲主，讓客人可以一面拿著

雞尾酒會的餐飲內容較爲簡單

手中的食物和飲料，一面與他人交談。飲料方面則有雞尾酒、果汁、啤酒、葡萄酒、烈酒等，應有盡有，客人可以至飲料處或吧檯自行取用，或是請托盤侍者代你取來。

用完之牙籤、餐巾紙可放在盤中，再置於空桌上即可，空酒杯亦如此，自然會有人收走。

案例

雞尾酒發源

美國公認是雞尾酒的發源地，據說在公元1795年時美國紐奧良的一藥店老闆發明了一種在酒精飲料中加入蛋黃的混合酒，而當地法裔稱之爲Cocktail，意爲蛋酒，但是由於讀音的關係，日久就變成了英文的Cocktail了。

還有一說是在獨立戰爭時，有一次美軍打了勝仗，有一家酒館以各種五顏六色的酒品調製出美觀又芳香的酒以犒賞士兵，眾人皆讚不絕口，以後即把這種混合酒稱爲雞尾酒。

　　無論傳說如何，雞尾酒之廣受歡迎已是不爭的事實，其清涼爽口，酒精含量又可以控制，所以不論酒量如何均可自由選擇，其鮮豔的色彩以及附屬小巧可愛的裝飾更是女士的最愛，所以有人說雞尾酒不但是用喝的，光是把酒欣賞也是一件相當愉快的事。

色彩鮮豔風味絕佳的雞尾酒廣受女士的最愛

　　一般雞尾酒多以琴酒（Gin）、威士忌（Whiskey）、白蘭地（Brandy）、伏特加（Vodka）、苦艾酒（Vermouth）等為基酒，再配以Toni、Coke、Ginger Juice以及可食用的色素等調和而成。比較受歡迎的有血腥瑪莉（Bloody Mary）、馬丁尼（Martini）、曼哈頓（Manhatan）。

　　酒會服裝多以上班服裝為宜，因為大多數的酒會都在上班時間舉行，所以男士以整套西裝、襯衫、領帶即可，女士則以上班服如上衣加上窄裙，或是所謂雞尾酒裝均可，也就是長褲的套裝，畢竟不是晚宴，所以在其他服飾、彩妝搭配上也不必太刻意強調。

　　雞尾酒會以社交為主，所以應主動與他人寒喧、交談，增加人際關係，但由於時間一般不長，所以一般是禮貌上的交談即可，不宜和某些人一直談個沒完，如此一方面讓他人失去認識其他賓客的機會，一方面也把自己限在小框框裡，失去了酒會的意義，如你真的想和某人多談一些，可以在酒會後或者日後再敘。

 五、參加演講會之禮儀

知識傳遞頻繁的今日，儘管有電視、電台、網路等多種方式來傳達以及報導訊息，可是還是有不少人依然喜愛那種臨場感和親身參與的樂趣。有些演講會是被工作的機構派遣前去，有些則是依個人的需要、興趣等自己前往的，但同樣的，有些禮儀是不可不知的。

(一)準時抵達

如果演講場地是第一次前去，則必須提早到達，以便找到正確場地和自己的座位。想一想，在大夥都坐定傾聽演講者演說之際，突然有遲到者冒失闖入，這不但會影響到其他的聽眾，同時也會影響台上的演講者。所以有些正式的演講會都會有守門的工作人員，一待演講已開始則立刻關閉入場處，遲到者只能在場外聆聽由擴音機傳出的現場實況，而且一直要等到中場休息時方得入場。

若真的遲到而仍然可以入場時，最好暫時坐在後排無人處，以免找座位擠來擠去造成他人的不便，待中場時再坐回自己的座位或找尋更佳的座位。

進場後請立即關閉行動電話等聯絡工具，或至少改為振動式，以免震驚四座，怨聲四起。

(二)不要吝嗇掌聲

對台上的主講者來說，受到台下聽眾的鼓勵與認同是十分重要的，再有經驗的演講者，面對一群漠然的聽眾時，也是很難維持高昂

興致的。在如此情形下，精彩動人的演講是不太容易出現的，所以，適時運用掌聲讓台上的人使出渾身解數吧！

(三)不要中途離席

中途盡可能不要離席，不論是上洗手間，或回一通重要的來電，或另外約會的時間到了必須離開。如此會令台上的人心情受影響，以為自己講得不夠好所以有人要走，台下的人同樣也會被干擾。因此，真的可能會有上述情形發生時，也請在演講的中場休息時間離開，否則就在進場時選擇最後面的座位，以期傷害減至最低。

(四)如何提問題

若是屬於會中可由聽眾自由提問之演講，問題務必與當天演講之主題相關，並請盡量簡明、扼要，不可藉機炫耀自己之學問知識而冗長發言。請記住，台上的人才是主角，前來聽演講的人是為了他，而不是為了你。如果自認言語表達沒有把握，可以用發言條的方式請演講者回答。

(五)保持安靜

演講進行或他人發問時請保持安靜，不要台上台下講成一片，如果真的不竊竊私語會很痛苦時，也請盡量小聲，以不影

聽演講時請保持安靜

響到前後左右鄰座為原則。

(六)禁飲、禁食

所有會場幾乎都全面實施禁飲、禁食，請不要做一個大家都討厭的人。如果被人當面禁止上述的行為，會不會感到尷尬呢？另外，國際上十分重視著作權，最好先問清楚是否可以自由拍照、錄影、錄音，可否使用閃光燈等等。

(七)服裝

參加演講會的服裝一般以整潔為原則，在這種場合穿著最好不要太過炫耀、招搖，女士之香水及首飾也請節制，若喧賓奪主而變成眾人的焦點並不合適。

第十三章

自我成長

- 成功者的善習
- 人脈銀行
- 拓展人脈的禁忌與祕訣
- 積極學習，追求卓越

　　所謂「活到老學到老」，我們身在職場其實也是一樣的。必須透過不斷地學習，一方面讓自己成長再成長，除了可以穩固個人職位外，另一方面可以為自己創造出更寬廣的職涯道路。因此，不妨借鏡傑出企業家的好習慣以為參考，另外，如何拓展人脈，增加自己一生受用不盡的人脈存摺，亦是本章探討的內容。

 # 一、成功者的善習

　　古語云：「苟日新，日日新，又日新」，意思就是告訴世人：一個人必須要每日學習，每日進步，而且是盡其所能的努力學習才會有所成就的。

　　比爾‧蓋茲曾經說：「一個人如果離開學校後不再持續學習，遲早一定會被淘汰！因為未來的新東西他全都不會。」彼得‧杜拉克也說：「現代社會與以前的社會最大的不同是——以前工作的開始是學習的結束，現代則是工作開始就是學習的開始。」

　　他們的說法都不約而同指向一個重點，也就是我們絕大多數的知識是在我們踏出校門之後才開始學的。因此，一旦離開學校之後就不再學習，那麼你只擁有一點點的知識，在競爭中注定要被淘汰。也因此身為現代的上班族最重要的就是要不斷地充電學習，為自己加值再加分，如此才是邁向成功的不二法門。

　　　　見賢思齊焉，見不賢而內自省也。

　　　　　　　　　　　　　　　　　　——《論語‧里仁》

　　如果你想成為一位成功的職場達人，最好的方式就是「見賢思齊」。一定要都懂得做人、善於決策、充滿熱忱、持續創新、培養關係、激勵團隊⋯⋯。以下是成功者的一些好習慣：

(一)勇於負責──絕不逃避責任

好的習慣是成功的要件，其中之一是勇於任事。勇於任事的人，多經驗豐富，責任心強，做事有效率。從實際經驗中體驗出做事的方法和祕訣。若問：「有什麼方法讓自己成功？」他們的回答會是：「勇於任事，有效率地工作，仔細地觀察和學習。」

(二)及時行動──坐而言不如起而行

第二點是要能及時行動。一般人在制訂新計畫時，很容易流於過慮，因而延誤時間，坐失良機。在商場上，「執行力」極其重要，只顧坐著想而不去行動的人，往往只能當事後諸葛，很難成事。養成積極的執行力，若是已經決定好做什麼了，就要果敢去做，否則只有空想，一點成績也沒有。執行力的要訣就是要「說做就做」，否則永遠都有藉口，考慮東考慮西，永遠也做不出成績。

養成積極正確的工作態度，提升執行力

(三)向他人學習——把他人的經驗當成自己的借鏡

「他山之石，可以攻玉」，表面上的意思是說，別的山上的石頭可以作為礪石，用來琢磨玉器；後喻指他人的做法或意見，能夠幫助自己改正錯誤和缺點，或提供借鏡。

玉，是溫潤的物品，如果用兩塊玉石來互相琢磨，肯定磨不成美玉。必須得用粗糙的礪石，這樣才能磨出美玉。經常考察和參觀，向同業中的佼佼者學習，汲取經驗，自然獲益匪淺。無論你做什麼工作都一樣，要先向強者看齊，學習他，再加上自己的創新，然後勝過他。向強者學習，也要向自己的經驗學習。要做一位自我學習者，從工作經驗中汲取教訓，在待人接物中領受啟發和自我檢討。對工作最有益的知識，都是從實際工作中獲得的。

還有，別忘了遇到挫折時，你要從中記取寶貴的教訓。俗語說：「跌倒了不是只要爬起來就好，而要在跌下去的地方抓一把黃金或鑽石（經驗與教訓）回家才對。」

(四)時間管理——有效率地工作、休閒與學習

要有效率地工作，必須先做好時間的分配與安排。時間就是金錢，是極其重要的資財。若不能妥善安排，時間會在不知不覺中流逝，東忙一點，西做一點，時間都在處理瑣碎的事情上浪費了，到頭來自然難有成果。

其他如財務、精力、人力和工作的順序，都需要安排。習慣一旦建立起來，凡事都會在掌控之中。安排就是自我控制，自我控制能力差的人，無論是哪一方面的成事效果都不好。

安排時間或金錢等要保持彈性。每天準時上學是必要的，但偶

有一兩次因爲其他更重要的事情而遲到是可以接受的。一個人天天準時上班是應該的事，但追求全勤獎金，而犧牲生活上其他方面的需要時，就是矯枉過正。例如當你覺得心無鬥志，或者心神不寧的時候，

做好時間管理才能有效率地工作、休閒與學習

不妨暫時放下手邊的工作，出去透透氣，換換心情，暫時拋開心中的掛念。回來之後，往往有一切重新開始之感，反而很快就能把工作做好。

安排工作和時間，要考慮的因素很多，包括環境、心情、健康等等，但安排時間與工作，必須考慮自己的特性與習慣，有些人在深夜工作文思泉湧，思考邏輯清楚；有些人則要在白天工作才有效率。因此許多創意性的工作，都是在特別時間或地點完成，而非一定在固定的地方與時間可以做到的。

(五)訂定目標——循序漸進，邁向巔峰

訂定目標是爲了幫助一個人階段性的完成任務。目標設定過高固然不切實際，但也不可訂得太低否則沒有意義。此外，還要對目標做及時的調整，如果結果很好甚至超出自己的期望，可以把目標適當提高；如果未達到自己的預期，則可以把目標調低一些。完成了一個目標後，可以再制訂更有挑戰性的目標。當然，失敗時也要坦然接受，認眞瞭解原因，記取教訓。

二、人脈銀行

Whom you know helps determine what you know and how your job gets done.

很多人都聽過「人力銀行」，但是卻少有人聽過「人脈銀行」，什麼是「人脈銀行」呢？我們終其一生會不斷地認識新朋友，這些新朋友有可能大多數都只是普通朋友，沒有辦法變成對你有幫助的人，但其中也可能包含影響你一生的關鍵人物，這些人脈資源就建構了屬於你自己的「人脈銀行」。有用的人脈才能存入「人脈銀行」，有朝一日需要時，才能迅速找到可以幫助你的重要人物，協助你解決問題。就如同金錢才能存入銀行一般，有需要時才能提領出來使用，幫助你解決困難。

美國有一句流行語：「你是誰（who you are）不重要，你認識誰（whom you know）才重要！」

誠然，每個人都渴望有所作為、渴望成功，但成功似乎都遵循著一個共同的規則：沒有人能夠不靠他人之助而有所成就。支持你的人就是你的人脈網路（Social Network）。大多數人的成功，都和其人脈豐沛與否息息相關。成功是真正認識自我、整合他人資源的集體績效，也可以說是經營自己人脈資源的成果。

國人對人際關係的推崇表現在一些人們耳熟能詳的諺語中，例如：「天時不如地利，地利不如人和」、「在家靠父母，出外靠朋友」、「小運靠自己，大運靠關係」、「朝中有人好做官」等等。

卡內基說：「一個人事業上的成功，有15％是由於他的專業技術，另外的85％主要靠人際關係、人脈資源和處世技巧。」美國史丹

佛研究中心曾對美國二戰後崛起的超級富豪做過抽樣調查，並發表過一份報告：「一個人賺的錢，12.5%來自其專業知識，87.5%來自人際關係。」此結論正好與卡內基的言論吻合。

　　由此可見，人脈對於我們的成功是何等重要。如果我們有良好的人脈基礎，那麼成功就相對比較容易實現；如果我們不知如何與他人相處，也不去積極建立有幫助的人脈，那麼成功就相對很困難。因此，在現代社會人脈就顯得愈來愈重要，而且人們對人脈的認識與重視也愈來愈深刻。所以，要想成功，從現在起就努力構建你的人脈網路、經營你的人脈資源，因為人脈能為你創造財富，它甚至可以改變你的人生。

　　不過，光是有「人脈銀行」還不夠，就像我們把錢存在銀行還需要有一本存摺一樣，若是沒有存摺，就無法隨時提款，所以我們還要有一本有效的「人脈存摺」（Social Account Book）才行。也就是人脈不是光存在銀行，擺著不去維護他們，而是必須不斷地聯繫，若有疏遠要設法拉近，若有誤會要設法修補，如此才是有效的「人脈存摺」。

人脈資源是影響一個人成功與否的關鍵因素

　　現在讓我們來討論「如何建立人脈並從中獲取各種資源的支持？」，那就是從今天起，不斷地累積你的「人脈存摺」，以建立豐厚的人脈關係。俗話說：「三十歲以前靠專業賺錢，三十歲以後靠人脈賺錢！」你現在知道人脈力的重要性了吧！

　　你現在幾歲？在你的「人生存摺」中，除了金錢、專業知識，你有多少人脈？你的「人脈競爭力」有多強？未來，你打算讓這個存摺變成怎樣的資料庫？「人脈」，或者說「人際關係」，這是一門人生的大學問，極為重要！

(一)人脈的神奇效益

　　「專業是利刃，人脈是祕密武器」，如何以自然的、有創意的、互利的方式去經營人脈，是勝負關鍵。你會發現，人脈競爭力是如何在一個人的成就裡扮演著重要的角色。

(二)千里馬也需要伯樂

　　人脈是個人通往財富、成功的門票。過去，企業招募人才時，專業知識、學習能力都是首要條件，但漸漸的，隨著知識經濟時代，技術、知識不斷地迅速更新，光靠一個人的力量無法達成任務。因此，如果一個人懂得依靠其個人人脈的支援與幫助，勢必能強化他的競爭力。

(三)人脈競爭力

　　善用人脈，則可達到「一分耕耘，十分收穫」的效益。換言之，一個人脈強的人，擁有的人脈資源一定較別人廣且深。在平時，這個資源可以讓他比別人快速的獲取有用的資訊，進而轉換成工作上的升

遷，甚至是財富的增加；而在危急時刻，也往往可以發揮轉危為安，或臨門一腳的作用。

　　美國哈佛大學曾經研究發現，許多的傑出人才，專業能力往往不是其所以傑出的主因，關鍵在於他們會採用不同的人際關係策略，會花許多時間與在關鍵時刻可能有助益的人建立良好的關係，在面臨危機時便容易化險為夷。這也是為何公關人員必須不斷地去建立自己的各種人脈資源，也許許多人脈在目前看似沒有什麼功能，但是一旦需要時，再去建立或是求援就太晚了。

案例

人脈的功用

　　有一次我在舊金山旅遊，在下榻的飯店巧遇一位大學同學夫婦，他鄉遇故知，晚上請他們在飯店的酒吧小酌敘舊，也得知他剛由紐約一路遊覽剛剛到舊金山，後天準備搭機進入墨西哥繼續旅遊，我因此就和他們聊聊墨西哥觀光之趣事以及過移民關時的注意事項，不料此時這位同學的臉色突然變白，原來他們的護照以及其他重要證件因為怕搞丟，鎖在紐約的飯店保險箱內忘了拿出來。舊金山距離紐約何其遙遠，光是飛機就得五個小時，若再返回不但花錢、費時，後段的行程勢必大亂。我得知後安慰他們不必驚慌，立即電請當地一名友人前往該飯店說明實情，飯店也相當幫忙，立即傳真了一張委託開保險箱取物之委託書，於同學回簽傳真後立即作業，一個小時後，有人告知已請UPS快遞公司連夜急件送過來舊金山了，第二天中午前即可收到。

　　友人感激之餘連問我此人何以如此幫忙，我笑笑告訴他，他當初在台灣遇到很大的困難時，我曾幫助他解決，因此雖然多年未見，我相信他一定會鼎力相助的。這就是人脈力之一。

(四)拓展人脈兩大法寶

拓展人脈的兩大法寶為「培養自信與溝通能力」及「適時且適當的讚美他人」。

◆培養自信與溝通力

自信心與個人之生活圈有著密切的關係，也就是在不同場合中感覺到自在的程度。一個沒有自信的人，生活圈很小很窄，因為這些人總是怕被拒絕，因此不願主動走出去與人交往，更甭論要拓展人脈了。

以在雞尾酒會或婚宴場合為例，西方人在出發前，都會先吃點東西，並提早到現場，因為那是他們認識更多陌生人的機會。但是，在我們的社會裡，大家對這種場合都有些害羞，不但會遲到，還盡力找認識的人交談，甚至是好朋友約好坐一桌，以免碰到陌生人。因此，儘管許多機會就在身邊，但我們總是平白的讓它流失。

其次是溝通能力，也就是瞭解他人的能力，包括瞭解別人的需要、渴望、能力與動機，並給予適當的反應。其實，將心比心並且專注傾聽就是瞭解別人最好的法寶。

培養自信與溝通能力有助於拓展人脈資源

◆適時且適當的讚美他人

除了傾聽，適時讚美別人也是溝通妙招。美國「鋼鐵大王」卡內基，曾經付出一百萬美元的超高年薪挖角一位高階主管當作總公司執行長。許多困惑的記者問卡內基：「爲什麼聘請他？」卡內基說：「除了其他種種的優點外，他最善於讚美別人，這也是他最值錢的地方。」

美國哲學家杜威說：「每個人都希望自己在他人的心中是很重要的。」想想，你的上司多久沒有讚美你了？你又有多久沒有讚美你身邊的同事、朋友或家人了？但光是讚美還不夠，因爲讚美必須是出自眞心，而且必須及時讚美，而且是適當的讚美，讚美不當會產生反效果，讓聽的人有諷刺之感就不妙了。所以，讚美也可說是一種藝術。

(五)提升人脈競爭力

建立了自信與溝通能力以後，增加人脈的know-how還有哪些呢？

◆守信用的形象

在人脈建立裡有一項是最難的，就是信任，而這也是人際關係的基石。如何建立一個讓人信任的形象，是人脈擴建的關鍵。如果一個人講話的可信度每次都要打七、八折，那麼更多的人脈，只是爲他帶來更多的負面效應罷了。

◆建立互助的機會

此外，增加自己被他人利用的價值也可以爲自己建立一個人脈大磁場。主動幫助他人是相當重要的，人脈的最高境界就是互利，而非單方面的利益。你對別人有什麼價值？有何幫助？如果你只著眼於自己的利益，對方很快就會知道你心中打的是什麼算盤。「對人一分

好，對方自然會適度回報」，這就是所謂的「受人點滴，湧泉以報」的道理。

◆樂於分享

不管是消息、利益或工作機會，懂得分享的人，往往可以獲得更多，因爲朋友願意與他在一起，機會也越多。必須明白「有錢大家賺」的意義：賺錢的機會非常多，一個人無法把所有的錢賺走。

◆增加曝光的管道

不妨多參加一些形象良好的社會團體，即使像公司內部的福委會、旅遊團、健身房、球隊等組織，都是把自己推銷給別人的通路，也是每一個可以建立自己形象的機會。千萬不要小看這些機會，在這些團體裡，人們往往可以以最自然的方式交往。我剛剛進入科技業時，苦於客戶太少，業務無法快速拓展，出乎我意料之外的，我在內科園區羽球隊的球友不但主動幫我介紹客戶，甚至是客戶的客戶，讓我在短短的三個月就獲得了不錯的成績。甚至後來透過羽球友誼賽，又拓展業務至南科與竹科。這印證了我們常聽到的一句話：「生意都是在球場上談成的！」

◆多些創意與細心

提升人脈是一門藝術，更多的創意與細心，絕對是事半功倍的做法。例如，善用名片管理法，就是一個妙招。法國有一位相當成功的總裁，每年總要立下志願與一千個人交換名片，並與其中的兩百個人聯絡，而且還要跟其中的五十個人成爲朋友。據傳，某竹科半導體總經理當初在美國時，爲了增加與老闆碰面的機會，每天都觀察老闆上洗手間的時間，然後也選擇在那時去上洗手間，增加巧遇的機會，後來果然讓老闆注意到他，也注意到他傑出的表現，當然在企業的升遷

自然也是令人寡目了。

◆把握每一個助人的機會

「錦上添花不足論，雪中送炭方為眞」。盡可能的幫助別人，尤其是在他們最需要的時候，此時的幫助必會讓對方難以忘懷。還記得韓信拜將後所感謝的是誰嗎？

案例

漂母飯信——典出《史記》

韓信年少時窮困潦倒無力維持生計，不得已只好寄食於洗衣婦人。洗衣婦提供韓信飯食數日，韓信很感激說要日後報答。洗衣婦說：「大丈夫不能養活自己還談什麼日後報答，我只是可憐你罷了，怎會貪圖你的報答！」這番話給韓信很大的刺激，他被封齊王後，立即送洗衣婦千兩黃金以示感謝。

◆保持同理心

「人同此心，心同此理」，人際關係最重要的就是要有「同理心」。許多人並不知道同理心的重要性，也不願花時間在上面，往往到了關鍵時刻，才發覺自己的人脈資產太少，人脈貧乏的主要原因就是在於自己沒有同理心。與人交往，有時一個觀念的改變，可能就會產生截然不同的命運。

◆人脈是一輩子的學分

剛剛進入社會，並不需要刻意把重心花在建立人脈關係上，而是先利用把事情做好的機會，附帶就建立人脈。過些年之後，就是專業

與人脈並重的階段。此時除了靠工作上的往來建立人脈，也可以發展出工作外的社交網路，利用這些圈子發展與建立起不同專長的人脈，正如我們的身體需要各種不同的養分。在職涯的最後，你的人脈關係將優於專業能力，因為專業的部分會有其他人幫你完成，而你的人脈關係卻能為這些專業再加值，效果相乘。總而言之，提升人脈的最重要原則，還是要誠心，學習關懷別人。因為人脈的累積是長年累月的，不管是一條人脈，或是由人脈伸展出去的人脈，都需要你長期的付出與關懷，所以說：「人脈是一輩子的學分。」

三、拓展人脈的禁忌與祕訣

眾人皆知，在現代社會「人脈」是我們極其重要的資源。因此常見在許多聚會、社交團體或研討會裡，有些人會盡全力想認識每一個在場的人，甚至努力沾親帶故地想跟重要人物建立關係。這種做法是否真的能有效建立關係？還是反而會造成他人困擾與刻意躲避？其實建立人際關係是必須有所節制的，不能期望立刻就讓彼此成為朋友，而是先認識，然後才在一個更適當的時機與場合，發展真正的關係。

(一)拓展人脈的禁忌

以下是幾個常被忽略的禁忌：

◆切忌講話瑣碎嘮叨又言不及義

有些人或許是天性過於開朗，話匣子一打開就停不了，例如新認識者只是禮貌性的問一句「最近好嗎？」，有些人卻可以連珠砲似的講一大堆，就算其他人已經感到不耐煩了，他還是叨叨絮絮，不願閉

嘴。殊不知別人禮貌性的問候，就該簡潔回答。

　　建立人脈的方法之一是：當一個好的聽眾遠甚過雄辯者。其次是別唱獨角戲，如果你一直講話，卻發現周圍沒有任何人感興趣，或許就該停止自言自語，丟一些問題讓他人有說話的機會。

想與他人建立關係就必須學會當一個好的聽眾

◆「善於聽」勝過「善於言」

　　許多人知道清朝紅頂商人胡雪巖很會說話，卻不知道其實他更會聽話，不管說話者是如何言語無味，他總是能一本正經，兩眼正視，彷彿聽得極感興味似的。不但聽得專心，重要關頭總會適時補充一、兩句，使得常受人冷漠以對者，與胡雪巖相交卻有莫逆之感，自然覺得投機而成為其人脈銀行中一筆新的存款了。

　　由此可知：傾聽是人與人之間溝通的主要武器。只有先成為一個成功的傾聽者，才會有機會結交更多的人脈。

◆交談不要打破砂鍋問到底

　　在一般閒談時，切忌打破砂鍋問到底。當發現對方對你的問題失去興趣甚至感到不耐煩時，最好趕快閉嘴，尤其是一些有關個人隱私或是不名譽之事，免得逼使對方急於找藉口離開。

◆不要吹噓自己

謙虛是一種美德，聊天時也是如此。如果你總是不斷地吹噓自己在工作上的豐功偉業，多麼聰明、多麼能幹、開什麼名車、住什麼豪宅，這樣的談話不但讓人覺得你膚淺，也會讓人見到你時只想轉頭離去。

◆交淺不言深

如果雙方有觀念上的差異，不要逼迫對方接受你的見解。此外，在談話中，如果對方提出自己的某些問題或困擾，他可能只是想發發牢騷，若你想要與對方分享自己的經驗，最好先禮貌性地詢問：「你想知道我是怎麼處理這種狀況嗎？」，對方若是有興趣，此時再表達自己的高見也不遲。

◆別像在發表演講

在許多輕鬆的場合裡，沒有人會有興趣聽陌生人正正經經地演說、心得報告或批評他人，因為那真的會讓人感到很無趣。因此，「說話看場合」也是建立人脈的基本功。

◆認識並不代表就是朋友

有時候跟一個人對談愉快，並不代表對方就已經把你當做朋友。例如剛加入一個團體，不宜把才認識的人當成朋友，因為這與真正的朋友之間還是有差別的。

◆多給少拿，先給再拿

如果你真的想建立人脈，遇見專業人士時不要只想要當場得到對方的專業知識；碰到潛在客戶時也應該避免當場就想做生意。此時應該是簡單的說說自己的問題，然後再約時間碰面，不過到時候當然是生意歸生意。而當你得到對方首肯時，也要懂得投桃報李，在適當

時機回饋之，否則彼此的關係不會長久，這也就是西方諺語常說的：
「多給少拿，先給再拿。」

(二)拓展人脈的祕訣

　　無論從事什麼職業，學會處理人際關係，能夠掌握並擁有豐厚的
人脈資源，那麼你在成功之路已經奠定了很好的路基。

　　人脈是一個人通往財富、成功的門票。前清商人胡雪巖因為擅
長經營人脈，懂得投資人脈，而得以從一個卑微小差，迅速翻身成為
紅頂商人。綜觀今日的社會，絕大部分的政商界成功人士，也都是因
為擁有雄厚的人脈存
摺，才能擁有之後輝
煌的成就。

　　人脈可以決定個
人的事業；可以截長
補短、互通有無；可
以養兵千日，用於一
時；可以見賢思齊，
見不賢而內自省。現
在讓我們來談談拓展
人脈的祕訣：

擁有豐厚的人脈資源將讓你「一分耕耘，數倍收穫」

◆對人脈資源進行有效分類

　　成功的人脈拓展，離不開有效的規劃，早一點對人脈資源進行規
劃與分類，才能夠早一點實現身邊到處是可以協助你的專業人士、有
力人士，甚至只要一通電話就解決了。

◆人脈資源要以個人的職業、事業的發展為考量

在對自己的人脈資源進行規劃之前，首先要弄清楚以下幾個問題：

1.職業方向是什麼？

2.準備在什麼行業、什麼類型的企業工作？

3.有自己創業的打算嗎？準備在哪個領域創業？

4.職業生涯預定分為幾個階段？

其次，還要弄清楚以下幾個問題：

我目前的進展得順利嗎？如果答案為「是」，那麼是誰給了我最有力的支持和幫助？我還要得到他們什麼樣的支持？如果不順利，原因是什麼？假如不是個人的能力出了問題，那麼是誰沒有給我支持與幫助？他們為什麼不願意幫助我？為了實現更遠大的目標，我還需要哪些人脈相助？

◆人脈資源要兼顧物質、精神與生活

不能只顧職業的發展、事業的成功，而忽視生活的豐富多彩和需求。比如，有的人儘管在你的職業、事業上起不到什麼作用，但他們卻是你日常生活中的好夥伴，你同樣不應該忽視他們。

同時，你也不能忘卻了生命追求快樂和幸福的本義。所謂「友直，友諒，友多聞」，要有一、兩個真性情的朋友，哪怕他們性格直爽，因為他們可以對你很率真，他們是你成長的一面鏡子。你還應該有善於傾聽的夥伴，成功時他們與你一起分享，挫折時他們與你一起分憂。你甚至該擁有一、兩個好抬槓的朋友，他們總是與你的觀點相左，意見不一，但你總能從他們針鋒相對的言論中汲取意想不到的養分。

◆用80/20原理經營人脈

　　企管學中有一個著名的80/20理論，也就是說，企業中80%的利潤是由20%的產品所創造，企業中80%的收入是由20%的顧客所帶來。80/20原理告訴我們，要抓住那些關鍵的少數。經營人脈資源也是如此。也許，對你一生的前途命運起著重大影響和決定作用的，也就是那麼幾個人物，甚至只是一個人。所以，我們必須看清楚並加以區別，對可能影響我們前途、命運的20%的貴人，花費80%的時間、精力和資源去用心經營。

◆多交落難英雄

　　俗話說：「平時不燒香，臨時抱佛腳」，那樣佛祖雖靈也不會幫你。因為你平常心中就沒有佛祖，有事才來懇求，佛祖怎會當你的工具呢？所以我們求神應在平時燒香。而平時燒香也表明自己別無希求，完全出於敬意，絕不是買賣，一旦你有事去求祂，念在平日你的燒香熱忱祂應該也不致拒絕。

　　另外，如果要燒香就不妨去找些平常沒人去的冷廟，不要只挑香火鼎盛的熱廟。熱廟因為香客太多，神仙的注意力自然會分散，你去燒香也不過是眾香客之一，顯不出你的誠意，神對你也不會有特別的好感。但冷廟的菩薩就不同了，平時冷廟門庭冷落，無人禮敬，你卻很虔誠地去燒香，神對你當然特別注意。同樣的燒一炷香，冷廟的神卻認為這是天大的人情，日後有事相求，他自然會特別照應。如果有一天風水轉變，冷廟成了熱廟，神對你還是會特別看待，不會把你當成趨炎附勢之輩。

　　我有一位友人，大學時代常在校園籃球場打籃球，偶爾會看見一位形隻影單的同學自己在投籃，可能由於他技術不太好而沒有人願意與他一起玩籃球，好幾次想邀他一起打球都因其他球友不願意而作罷。前一陣子新內閣官員名單公布，那位同學赫然位居第二把交椅了。他常對我言：「唉！如果當初……，每思及此，不免扼腕、懊惱……。」

◆人脈投資須走長線

　　友誼須經年累月培養，不可急功近利，即所謂「放長線釣大魚」。人脈需要誠心的經營，精心的培養，細心的照顧，耐心的期待，所以最好將人脈資源經營管理納入長期的規劃之中。

　　在一般的節慶假日，或屬於對方的特殊日子，比如生日，你不妨打一通電話，或發一則祝福的簡訊，或寄上一份精緻的禮物。尤其對於那些關鍵的少數人，你更要細心經營。

◆先結緣再結果

　　佛經上說：「未成佛道，先結人緣。」所謂「結緣」，就是和他人建立融洽的關係和良好的溝通。人生最可貴的一件事就是結緣，為了我們自己的生活愉悅，也為了這個世界更加美好，廣結善緣非常重要。當然這裡說的緣是善緣，也就是讓你處處逢源的緣，千萬別結孽緣，結孽緣的結果一定是處處樹敵、處處碰壁。

◆凸顯個人價值

　　每個人都在尋找和結交比自己更成功的人，別人當然也是這樣。如果你想結交更多的朋友，就要展現出你自己的價值，展現出你身上獨特的魅力與特質，用你的思想與智慧去贏得人心。告訴別人你能為

他帶來什麼價值，這點非常重要。這需要你平時不斷地累積，時刻吸收新鮮的資訊，多讀書、讀好書，充實自己，讓自己在不同的人面前展示出不同的才華，這樣才能讓你的人脈資源更寬、更廣、更多元。

四、積極學習，追求卓越

學習是一生一世的事，只有終生學習，不斷學習，才能成為真正的強者，永遠不會被淘汰。我們要持續這種不斷學習的精神，才能使我們的人生道路越走越寬。那麼應該如何透過學習追求卓越呢？

案例

老士官的故事

我曾聽說過，多年以前在外島戰地有一位年近五十的老士官，深感英文之重要，立志學好英文報效國家。聽到消息的人莫不嗤之以鼻，嘲笑者有之，諷刺者有之，就是沒有人當一回事。老士官雖然只有小學畢業，但是用微薄的薪資去買了許多英文學習的書籍和錄音帶，只要有空閒，不論是在碉堡、在叢林、在海邊，孜孜不倦，書不離手，遇有疑問就去請教英文程度好的預官，並不斷地練習發音與會話，如此日復一日未曾稍懈。

有一天，外籍官員團至外島參觀，負責翻譯的軍官臨時生病在醫院治療中，此時老士官自告奮勇擔任翻譯，旅長不得已也只有請他一試。沒想到老士官居然臨危不亂，翻譯得精彩生動，除了贏得外賓的讚賞之外，也讓旅部長官都留下驚喜的表情，從此以後只要有外賓來訪，老士官都是翻譯官的當然人選。

(一)培養不斷學習的習慣

人的行為取決於他的價值觀念。首先要建立不斷學習、不斷進步的價值觀念。但是這種理念的培養，必須遵循相應的方法來進行，才能事半功倍。

學習觀念是一個反覆的過程，只有透過不斷地調整，才能保持學習的準確性，並加強接受者的記憶。有些企業會利用各種機會，宣傳員工必須不斷學習進步的理念。例如，各個部門每週的週會、員工培訓、網路布告欄、各種儀式和活動，都具有強化記憶的效果。

(二)營造學習的氣氛

學習是從每個人身邊的小事做起，培養不斷學習、不斷進步的習慣。例如編輯一個檔案，你每次改進一點，如排版、字體、段落、內容的條理等等。即使你每天都在做類似重複的事情，應該都找得到提升自己技能的小地方。這主要是製造學習的情緒。

◆確定學習目標

人的精力和時間是有限的，要提高學習的效率，首先需要明白自己最欠缺什麼、需要什麼，以便確立學習的目標。公司主管透過平時的溝通、考核、與下屬交流等等，協助員工確立學習與進步的目標。把個人的目標與企業發展結合起來，以達成雙贏、共贏。

◆力求全方位進步

除了技術知識和技能方面的學習進步外，還有理念、觀念、工作方法、為人處世等方面的進步。所以我們必須多方面、多角度地進行

學習，以求得全方位進步。

◆相互學習

　　所謂「三人行，必有我師焉」，人與人之間相互的學習交流，使我們每個人既是學習者，又是被學習者，學習效果極佳。

(三)每天學習，每天進步

　　每天進步1%，不斷學習，不斷進步，達成卓越，這種積小勝為大勝的理念已經成為許多企業文化的核心理念。持續的學習進步，不但提升員工個人的競爭力和能力，同時，也為企業的快速發展和持續經營奠定了基礎。良好的文化，造就了員工好的價值觀，良好的文化亦可以在公司中隨處感受。

　　美國管理學家勞倫斯・米勒說：「卓越並不是一種成就，而是一種精神。」這種精神注入企業文化就成為卓越的企業文化。企業文化是企業活力的源泉，它培養了員工積極的動力，是員工創造性的根源，將員工的事業和成功化為具體的奮鬥目標與準則。一方面把員工的潛力發掘出來用於企業的事業上，另一方面使個人目標和企業目標合而為一，使員工更積極地投入到工作中，不斷地進行學習創新，最終企業與員工雙雙達成卓越。

「持續學習」的能力，是影響競爭力的關鍵因素

◆別侷限學習範圍

學習是沒有止盡的，「活到老，學到老」，千萬別說，我已經那麼老了，學那麼多也沒用了。只要肯去學，永遠不嫌晚。侷限自己的學習範圍，會讓你永遠在原地踏步，最後就被淘汰。在工作中要努力學習，在工作之餘也給自己機會多看看外面的世界，你可以參加一些活動，也可以學習一種新的技能，一個十八般武藝樣樣都懂的人，絕對是每家公司都搶著爭取的人。

◆別安逸於現狀──居安思危

別以為你現在的工作很穩定，不需要再學什麼了，要知道「人生不如意事十之八九」、「天有不測風雲」，看到那些大企業了嗎？一個公司倒閉可以是在一夕之間，就算你的公司沒有倒閉，財務危機、人事異動、公司經營方向改變等等原因，都有可能會威脅到你的工作。「居安思危，思則有備，有備無患。」在安逸的情況下更要思考危機出現時該如何面對，你可以用一些問題來問自己：「如果我明天突然失業，接下來我可以找什麼樣的工作？」、「我的優勢和機會在哪裡？」、「在找到下一個工作前，我有沒有足夠的失業準備金？」等等。

◆投資自己更重要

就算你每天加班，就算你連假日都賠上，你為了工作放棄升學、放棄各種學習的機會，你自以為你為公司付出了許多時間，應當公司也會回饋你相當的薪資或報酬，那你就錯了！如果你只是一個小職員，只懂得埋頭苦幹而沒有增加自己的競爭力，那你努力再久，也只是一個基層的小職員。別以為公司沒有你會多嚴重，換個角度想，如果一個公司因為失去一個員工就大亂陣腳，那麼這家公司的管理也有很大的問題。所以，不斷地投資自己，讓別人看到你的價值，遠比每天花一堆時間不停地在處理公事還重要。

我認識一位廣播電台的中階主管，利用工作之餘努力學習，最後很幸運的考上了某一名校的EMBA，前途無可限量，可是由於外島地區的某一分台出狀況，總公司說服他接受調派，去接替出事之職員，他出自對公司的責任，天人交戰後終於犧牲小我遠赴外島述職。十幾年過去了，他仍然還是分台的小主管，一直沒有升遷，也再沒有空缺調回台北來了。

◆不要讓自己脫節

對於投資自己，很多人沒有方向。要怎麼投資自己？什麼樣的投資較有回報？要獲得這些答案，你就要隨時留意市場的需要。看看現在職場上需要什麼樣的人才？有沒有什麼新興行業竄紅？好公司都需要什麼樣的人才？什麼樣的工作經歷和學歷最搶手？你可以多上網、看報紙、看雜誌，或是透過各種方法去瞭解。

◆別為你的工作失去一切

工作不是所有，別為它失去一切。一個成功的人生，應該是兼顧到心靈層面，愛情、親情、友情等，如果你在職場得意，但其他生活過得一團糟，相信你也不會快樂；相反的，如果你現在工作不太如意，但和家人、朋友、情人相處得都不錯，那你還是一個成功的人，不要因為人生中的一點挫折，就覺得自己很失敗。沒有人能夠告訴你如何過人生，你必須思考自己要的是什麼？人生的選擇沒有對錯，有得就有失。

Note...

第十四章

轉換跑道

- 面對裁員危機
- 主動跳槽的技巧
- 競業禁止條款
- 學習第二專長

　　不斷累積經驗與專業知識的結果極有可能是更上一層樓。所以無論是什麼理由，一個人都會有轉換跑道的機會，因此相關跳槽的技巧，何時走？如何走？走得漂亮又不會有後遺症？如何避免違反競業禁止條款？也就必須多加瞭解了。其次，若是不幸被迫離職，那麼學習第二專長，亦是重新出發前的重要功課。

一、面對裁員危機

　　一般企業裁員優先考慮名單都是由不適任或是非必要人員開始的，如果你有以下情形可能就被列入優先裁員名單了：

【自我檢測】

Q1：經常把困難問題丟給其他同事？

Q2：公司不放心把重要的或是緊急的事交給你處理？

Q3：同事經常抱怨你？

Q4：客戶經常抱怨你？

Q5：犯錯時總是找藉口或是推諉？

Q6：業績總是無法達到公司訂的標準？

Q7：經常拒絕主管分派的新任務？

Q8：薪水明顯高出個人的工作表現？

Q9：總是準時下班，不曾主動留下來加班？

Q10：公司有你不多沒你不少？

Q11：經常請假遲到早退？

如果公司要和不景氣或是業績不佳對抗，裁員最終是無法避免的。如果這些情況一直無法改善，公司遲早一定會考慮減少人事開支來解決其面臨的財務窘況。經濟不景氣最好多多提高警覺，留意公司釋放出的警訊才能小心保住你的飯碗，因為沒人敢保證被裁員的厄運一輩子不會降臨。

(一)公司裁員的警訊

◆你的工作量突然減輕

如果你發現你的工作量突然減輕，你可能要小心了。工作量的減輕意味著業務的減少，這會導致部門最後不需要你的服務。或者你一直都有參與的專案這次卻沒有你，或者你的任務被派給了其他人，這都說明你的職位即將不保。

◆未達業績標準

你可以透過預算的編列，檢視公司的財務狀況。公司業績表現不佳，往往就是裁員的重要指標之一。即使公司賺錢，但只要獲利不如預期仍有可能瘦身。如果人事預算減少，公司會首先考慮那些給公司帶來較佳效益的員工。如果你的職務不能給公司帶來效益的話，那你的職位就岌岌可危了。

◆被團體排除在外

這是一個最明顯的信號，如果你發現公司在做重要決策或有重大活動都沒有你的份的話，那麼你可能就面臨著被炒魷魚的危險了。

◆同事開始走人

看到同事一個接一個離職，如果這個時候，你被老闆請到辦公室時，一定會心驚肉跳，焦慮地想著為什麼是我？職場瞬息萬變，必須知道，依據一般公司的原則，新進的員工往往是被裁員的高危險群。會被列入考慮的黑名單者，通常是連份內工作都做不好、績效不佳、工作態度和學習意願低的員工。

◆遇缺不補

在缺人手的情況下，公司是否還凍結人事？這很可能是裁員計畫的第一步。此外，你也應該要機警地探詢是否有同事的工作量突然增加，這代表有其他人要離職。總之，多方打聽好讓自己及早有心理準備。

◆經費突然被砍

如果某些重大的專案計畫預算遲遲沒撥下來，影響了進度，甚至連例行計畫或者訓練活動與費用都暫停或刪減，你可要特別留意了。

(二)如何應對炒魷魚？

不管你願意不願意，人家要將你踢出門口，這實在是一件很傷自尊和倒楣的事。當你真正感覺到危機時，該如何應付？當然，如果能在進入職場伊始，就不斷地訓練自我成為一個在任何環境都能生存下去的人，能在不同環境與不同文化的人共事，不斷學習，以寬闊的心來面對一切挑戰，那你就自然會成為一個附加價值高、誰也無法取代的職場菁英。但是，若是不幸的事真的發生了，或是已經迫在眉睫，以下有些方法與步驟可以參考。

◆進退之際講究策略

在得知老闆準備炒你的魷魚時，你有兩條路可走：到上司面前承認錯誤，使他知道你有改過的心；或者開始找新的工作。

兩個策略都有弊端，一個較妥當的中間策略是：和上司見個面，也許是喝杯咖啡，或是一頓午飯。不管目前你的工作狀態如何，仍必須給人一個目前工作仍很賣力的印象。

這個時候千萬不要自責，也許只是大環境不佳，如果公司並未責怪你的過錯，不要自己貿然承認。同時，也不要主動提起上司尚不知道的事（不要不打自招），儘快消除上司對你的負面感覺，並且強調，你之前曾做出過具體的成績，增加他對你的正面印象。

另一個較好的策略是：儘量主動分擔一些額外的工作以表達你對公司向心力與忠心。記住一個基本原則：讓可能炒你魷魚的人找不到充足的理由開除你。

◆要有被炒魷魚的心理準備

也許所有的努力都是白費，此時你應有心理準備了，當壞消息到來時，別讓它打倒你，必須保持冷靜的態度，去爭取有利的離職條件。切忌衝動，你可以到外面走走，或坐下來休息一下。千萬不能情緒失控，歇斯底里，要怨要嘆也只能使情緒發洩在自己身上，讓你的上司感到如果不對你伸出援助的話，心中會有罪惡感。事實上告訴你壞消息的人心中也是不好受的。

◆委婉地爭取最後機會

首先，說聲謝謝；其次，試探一下情況是否到了無可挽回的地步。千萬別直接去詢問，要委婉表達再給你一個機會，例如說一個月最後試用的機會。隨時注意上司的反應，如果他開始有些猶豫，起了惻隱之心，此時你應該把握機會，讓上司知道一些他應知道的資訊，

而重新評價你。你在此刻最需要的，是極力爭取「一個重新評估的機會」。

◆ 坦然接受現實，重新出發

　　被開除是一件令人沮喪的事，但不是世界末日，大部分人在他一生中，總會碰到幾回，即使那些成功的企業家，也是如此。再說，那些成功的企業家，如果不是當年被解僱，因而走向新行業或更換工作，也許今天不會成功。

　　最後一項建議是：當事情塵埃落定時，可以寫信給你的老闆，以便探知你到底犯了哪些錯誤，表示你要真正的答案，不管這些答案是多麼尖酸刻薄。如果你能從被開除中學到一些東西，一些對你找新工作有幫助的東西，那麼這些經驗就是最珍貴的了。

　　誠然，失業對大部分的人而言，可能會使生活頓失重心，經濟問題接踵而來，對自我能力產生懷疑，信心喪失，失敗的夢魘長駐心頭。如果在一點警訊也沒有的情形下失業，也不妨視為一種轉機。此時更需要讓心境回歸到原點，重新審視自己的專長，儘量縮短失業低潮期，將此時視為自省期、充電期、休閒期，重新整裝迎向另一個工作。如果能持有這種心態，檢討失業的原因，然後對症下藥，趁機學習另一種專長，將可為自己創造更多的就業優勢。

坦然接受失業的現實，重新出發

(三)瞭解你的基本權益

　　一旦被資遣已成事實，一定要記得理直氣和的爭取自己的權益，諸如資遣費等。有些人被通知資遣，就氣呼呼地收拾東西直接走人，記住，至少有兩項權益要爭取，一是預告工資，另一是資遣費。千萬別因為被資遣就氣昏了頭，因為如果勞工無正當理由曠工三日，或是一個月內曠工達六天者，雇主才可以不給預告工資及資遣費。

　　按〈勞動基準法〉第十六條規定，雇主終止契約時，必須依法在法定期間內通知員工毋須再來上班，若無預告期，就必須加發「預告工資」作為補償，給付標準是年資三個月至一年，預告工資十天；年資一至三年，預告工資二十天；三年以上年資，預告工資一個月。「資遣費」也是勞工基本權益之一，哪怕才剛到職三天，依法公司都必須付給資遣費。

(四)離職後應該做的事

　　老闆突然通知你：「明天不用來了！」不必驚慌失措也不必問為什麼，你所要做的就是勇敢地面對，更何況辭退還可以為你的事業注入新的激情和力量，使你得到新的挑戰和機遇。下列是一些建議事項：

◆重新整理自己的財務

　　你需要對自己的財務狀況有清晰的瞭解：你的淨資產有多少，你是否有外債，以及要維持當前生活每月必需的開支……，然後為接下來的六至十二個月制訂一個既保守又實際的收支預算表。

◆爭取應得的錢財

除非惡言相向，一般勞資之間多會互留餘地，保持一定的風度。例如說公司可能會以業務緊縮的理由請你暫時離職，待景氣回溫後再請你回來，此時適度要求比較優惠的離職條件多是可能達到的。仔細檢查自己所得的遣散費是否合理。按照政府相關的規定，員工被公司辭退，公司應根據員工的工齡、在職時的工資等給予被辭退員工相當數額的遣散費，注意對照國家的有關規定，檢查一下公司給予的遣散費是否合理。

◆保持理智和尊嚴

在這段相對困難的時期裡，保持理智和尊嚴，盡可能表現得職業化是非常重要的。可以選擇兩、三個知己傾訴自己的心情，但在大眾面前要繼續保持自己能夠承受挫折和打擊的職業風範。如果表現出一副受害者的面目，那麼對你將來的職業生涯有百害而無一利。

◆不急於找工作

沒有必要馬上開始找工作。儘量抑制馬上向外散發簡歷、匆匆趕去面試或隨便找個工作。當你剛被辭退時，所受的打擊和憤怒還沒平息，而這些在面試時都會表現出來，有經驗的招聘者一看就會知道，你還沒做好重新工作的準備。

◆保持正常的生活方式

儘量保持正常的生活方式，不要整天將心思放在失業這件事上。你需要一些休閒娛樂的時間，使你能夠精力充沛地迎接新的挑戰。但也不要完全打亂自己的作息時間，這對將來面對一份新工作是極其不利的。

案例

　　我有一位好朋友，曾經被迫離職過兩次，每一次離職前後都會與我詳談，一方面發洩情緒，一方面聽聽朋友的建議。

◎第一次離職

　　他在該公司已經三年，由於工作表現良好，工作績效突出，已經升任協理之高位。但是哪知人算不如天算，公司一位皇親國戚推薦了一名美女（關係不明）進入他的部門工作，到職後自視有後台撐腰，每天遲到、早退是常態，成天四處遊走藉故外出也不報告，交辦任務毫無進展。他一再明示或暗示均無效，為了不影響其他員工，不得不向人事室提出不續聘之決定。沒想到皇親國戚法力極其廣大，跌破眾人眼鏡的是：最後走的不是該美女而是他自己。

　　人事經理很尷尬地向他說明公司的決定，也一直表達同情與惋惜之意。我知道這件事後即力勸他：你並無過錯，心虛的是高層，說不定他有一些原因或是把柄握在他人手上，不得不為之！因此建議他平常心以對，甚至離職前遇見高層、皇親國戚，甚至那位美女時也一樣，顯出專業的職業形象。後來公司自知理虧，給了他極佳的離職金、未休假補償金以及預發當年的年終紅利，將近七十萬元的一筆收益，讓他心中踏實了不少，也由於他一直保持積極的態度，離職不久後又找到一份不錯的工作。

◎第二次離職

　　這次是遇到金融海嘯。公司主要的美國客戶營運發生困難，不但訂單數量大幅削減，付款期限也愈拉愈長，終於公司撐不下去了，在某一天早晨無預警宣告歇業。我知道後力勸他：你並無過錯，這是大環境使然，明天你照常去公司，雖然沒有薪資可領，但是一樣上班。

你可以替公司安撫其他客戶，告訴他們先前的訂單會照常出貨，若是有供貨商來公司求償或是取貨也儘量委婉安撫之，告訴他們公司會儘快找到資金恢復運作，貨款只是延付不會變成呆帳。

他聽了我的建議後每日正常上班，任勞任怨，毀譽不計。當時公司員工大多鳥獸散，只有少數員工苦撐待變中，他則是不斷地打電話發消息、發E-mail找新股東入夥，結果短短的二十天後，另一家公司之負責人來公司一探究竟，他負責說明目前情況以及作產品介紹，說明他們產品之獨特性以及市場之潛力，當然也述及公司當下之資金缺口。

第二天，該負責人帶了會計師、業務主管、行銷主管等多位幹部再度前來，他則再度仔細說明介紹了一次。

第三天，該負責人宣布入主該公司，資金立即到位，公司終於轉危為安了。也由於他始終不離不棄，讓新老闆印象深刻，認為現代社會中已經很少如此忠心的職員了，因此不但他福利依舊，並很快地就獲得升遷與重用。

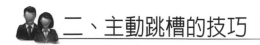

二、主動跳槽的技巧

(一)跳槽注意事項

切記：只有拿到並簽署了新公司的Offer，才可向現公司提出辭職。

對於非管理職位，你可能拿不到書面聘用函，但是一定要與對方

人事部確認你已被錄用後，再向現在的公司辭職。此外，還要注意以下事項：

◆向自己的直接主管辭職

不要越級辭職，也不要提前告訴任何其他人。如果你的主管不是首先從你嘴裡聽到你辭職的事情，你可能遇到麻煩。

◆面對面提交辭職報告

找主管有空的時候，單獨面對面提交辭職報告。這是對主管的尊重，也有助於瞭解主管的反應。你可以由此瞭解你離開的難度有多大。如果你是關鍵人物，主管會誠懇地挽留你。有時你能立即得到批

辭職最好面對面提出並且儘早告知

准，但有的主管則更喜歡把你卡一段時間。不要用電話或電子郵件發辭呈，這是這是不專業的。

◆簡單闡述理由

要表現出堅決離職的態度，但無需詳述離職的理由。職業發展是最好的理由，有時家庭原因也不錯。職業經理人已經習慣了員工的來來往往，他們需要一個能夠說服自己和公司的理由，而不一定需要瞭解你真正離開的原因。例如，你的離開就是因為上司不是東西，他當然不希望你把這作為離職原因。如果薪酬是你離開的主因，這也不是

什麼好理由，不說為好。

◆不要抱怨他人

不要抱怨主管、不要指摘任何人、不要指摘公司。當你提出走人，如果你對公司和主管很重要，主管會真誠地瞭解你對公司、對他的意見，不要說任何不滿。你都離開了，說有何用？老闆還會很誠懇地問你，有什麼抱怨、意見，千萬不要說太多，最好什麼都不說，反而要讚美和感謝公司和主管為你做的一切。主管會要你告訴他公司可以在哪些方面如何改進，你不要傻乎乎地講一堆忠告，也不要談你對薪酬的不滿。

◆不要輕易接受老闆的留人允諾

公司為了留人，會有些承諾，但除非特別真誠和有吸引力，否則不要接受。記住：你與另一家已經簽了Offer，此時你要是決定留下，等於毀約。根據調查，絕大多數因為公司挽留而決定留下的人，半年之內會走掉。你既然有了走的打算，就已經終結了你在這家公司的上升空間，同事也可能瞧不起你。

◆堅持到最後一刻，做好每一件事情

這是職業化的標誌。職業化就是對自己的職業表現和職業操守負責，而不僅僅是對公司和主管負責。因此，一直兢兢業業地工作到最後工作日，沒有任何懈怠，不出任何差錯是非常可貴的。

◆務必保持低調

不要參與任何長期計畫和專案，不要承諾參與任何你離開後才結束的專案。不要到處講你要離開的事，更不要說你得到了多好的Offer。公司最不喜歡的是一個準備離開的人，整天逢人便說自己跳槽的事，影響其他人的情緒。作為職業工作者，你應把你的辭職對公司

的負面影響降到最低。務必低調謹言慎行。

◆詳細填寫工作交接清單

　　將所有相關資料和事項交給接替你的人，向接替你的人詳細說明你的工作範圍、職責、尚未解決的問題、專案等。如果尚未有交接人選，那請直接把所有相關資料鉅細靡遺的轉呈給你的上司。

◆清理你的電腦，不留下任何後患

　　刪除個人的所有資訊和郵件，保留對下一任有用的所有工作業務相關資訊。歸還公司的物品（汽車、手機、電腦、文具等等），該清理的帳務清理掉。

◆用公司郵箱發告別信

　　利用公司資源發個人離職信本屬不當，但是如果屬職務交接則是必需的。你必須讓所有相關人員，包括客戶、供應商以及其他關人員完全瞭解你的職務由誰和何時開始承接。如果再能替公司美言幾句就更好了，一方面展示風度，另一方面預留後路。

(二)跳槽基本原則

　　俗話說：「人往高處爬，水往低處流。」

　　許多時候，只要往前多走一步，人生境遇就會大不一樣，有意想不到的收穫，幾倍甚至幾十倍。比如爬山、跑步、讀書，還有人生路上的種種，道理莫不如此。

　　「人往高處爬，水往低處流」是一句俗語，人往高處爬是表示人的志向和追求，人的本性是向上的，是要優於同儕並不斷地提升自己的能力及地位。這是一句勵志的話，是說人要是不努力、不奮鬥就會

像水一樣只能往下流了。也因此，我們幾乎是不可能只在一家公司服務一輩子的，所以也一定會有轉職、跳槽，甚至轉業的時候。但是，在跳槽之前，我們不妨捫心自問是否確定以下的想法？

◆跳槽的核心價值在於累積經驗

很多人認為，跳槽是提高工資的必要手段，也有人認為是展現價值的一種方式，但在我看來，跳槽的價值在於為自己累積職業資本。如果一個人一直不停地在一些不知名的小公司之間跳來跳去，說實話，這樣的簡歷工作時間越長，越會給人一種不安於現狀、流動性高的感覺。對於大多數平凡的技術人員而言，如果希望自己的人生更加精彩，那麼跳槽是必要的，但跳槽的目的關鍵在於為自己蓄積向上的能量。

◆把握跳槽的時機

那麼在具體的過程中，面對各種可能的誘惑，怎樣把握才好呢？下列透過對案例的分析，為大家提供一些有價值的參考：

目前大學生找工作越來越困難已經是一個不爭的事實，其原因很多，不在這裡分析。但因為這些公司的技術難度普遍不是很高，所以很多聰明的職員待半年該學的就都會了，於是開始有些躁動，感覺自己已經有經驗了，自己的薪資應該調升了。

◆真的瞭解要轉去的那個領域嗎？

首先問問自己，你是否真的瞭解你要轉去的那個領域？你是否做好了從頭開始的準備？你有什麼本事可以應聘新的職位？如果你真想轉，就暫時不要考慮跳槽，可以在原公司內尋找轉型的機會，並且累積一定的經驗之後，再以跳槽的方式在新領域裡尋求突破，這樣做更加實際。如果想往管理方向走，那麼在原來的公司可能會更快地提升

爲專案經理；如果你想往市場方向轉，那麼在原來公司的人際結構可以使你更方便獲得和客戶接觸的機會等等。

◆想清楚再跳槽

一個剛從學校出來的人不可能馬上接觸到複雜的技術，如果你的第一份工作有技術成分，那你很幸運，成長速度會更快；如果是一般性質的工作也沒關係，你會有更長的時間來熟悉各種技術，打好基礎，基礎越紮實，準備越充實，以後發展就會越容易。

總之，跳槽的目的是爲了達到自己職涯的目標，三思而後行是十分必要的。如今越是人才，誘惑就越多，如何在眾多的誘惑中選擇，在選擇中發展，這是需要經驗和智慧的。

(三)主動離職技巧

如果是提前離職（係指和公司簽訂聘僱合約而時間未到卻主動提早離職者），計有兩種方式提供選擇，分述如下：

◆協商解除合同

這是首選的一種方案。如果與公司有協商的可能性，儘量去協商解決。一般情況下，如果員工無意在公司做下去的話，那麼從公司的人力資源管理來說，留下這個員工其實也是有害無益的。在協商解決的時候，要注意以下幾點：

1. 違約金：如果雙方在契約中約定了違約金，在員工提出離職的情況下，公司可能會向員工要求支付此違約金。在協商的時候，員工要注意契約中所約定的違約金是否合法，因爲某些地方法規明確規定違約金不能超過員工正常工作的情況下前十二個月的工資總額。超過的部分，法律將不予認可。

2.進行工作交接，並拿到離職交接單：交接單應該一式兩份，公司與員工個人各執一份。應當注意，員工應當拿到一份原稿，而且此原稿經過雙方的簽訂或者蓋章的認可。

3.拿到離職證明：須注意的也是需要拿到原始檔而非只是影印本。

◆提前三十天通知相關單位，三十天後正式解除雙方之間的契約

此解除權又稱為預告解除權。這種解除權不需要公司的同意，只要員工提前三十天通知公司，不管公司是否同意，到期後雙方的聘僱關係都已經解除。此解除權需要注意的事項計有：

1.注意聘僱合約中有無雙方所約定的提前通知和保密規定。如果聘僱合約中有此規定的話，員工提前通知的時間就應當依照雙方在聘僱合約中所約定的提前通知期，而不再是三十日了。此點需要注意。

2.通知的方式一定要用書面形式，並保留副本，要求公司簽收。如果公司簽收的話，則保留好簽收件；如果公司不簽收的話，建議用掛號信件的方式再向公司寄一份，保留好寄出的憑證，還要注意的是在寄出憑證上一定要寫清楚寄出的是什麼東西。

3.在通知期內一定要正常上班，不可曠職。

4.積極辦理交接。如果公司不與職工辦理工作交接的話，就再向公司發一封函，告知辦理交接的期限，過此期限則不對公司負交接不當的後果。

不管你最終選用什麼答案，都不應傷害之前的公司、老闆、上司、同事、客戶，也不要傷害自己。

三、競業禁止條款

近年來因商業競爭激烈，企業主基於防止營業祕密洩露及同業惡性挖角之考量，於僱用職員之初，有要求簽立離職後競業禁止條款（Non-Competition Agreement）之情形。因此尚屬近來新興之糾紛，現行法並無規定，實務與學說亦尚未形成具體完整之共識。故就該種條款之適法性、限制範圍（時間、地域、職業種類）、應否予勞方補償、資方利益合理保護範圍、低技術性勞工應否適用等問題均仍有探討空間。

惟關於離職後競業禁止條款有無違反憲法第十五條關於工作權保障之規定，最高法院數件判決均共同認為，憲法第十五條「人民之生存權、工作權及財產權，應予保障」之規定，乃係課予「國家」對人民負此保障義務，並非以人民與人民間私法關係為直接規範對象，亦即工作權並非絕對之權利。故競業禁止條款並無直接牴觸憲法第十五條規定而致無效之問題。而基於契約自由原則，若競業禁止條款約定內容合理，即屬有效。

準備跳槽前先確認一下，到職時有沒有簽過類似的競業禁止條款？許多大型企業以競業禁止條款來警告員工離職後的不適當行為，除不得洩漏公司機密外，更要求員工在一定時間內，不得到競爭對手上班。企業為了自身的經營與生存似乎是要求有理，但是身為求職弱勢方的員工來說，誰有可能拒簽？如此說來符合勞資雙方之公平正義嗎？

小蝦米vs.大鯨魚

科技界巨人F公司控告經理及員工跳槽到競爭對手公司,違反競業禁止條款,要求賠償168萬違約金。但法院認為F公司定的條款過於嚴苛,判決敗訴。擁有百人法務團隊的F公司居然會敗訴。判決經媒體披露,在台灣的科技業界話題不斷餘波盪漾。

F公司以當年該員工一來報到就簽署了「誠信行為暨智慧財產權約定書」,保證離職一年內,不能在F公司及相關企業所在國家或地區,從事與F公司業務有關的競爭行為。但法官攤開F公司與該員工簽署的競業禁止條款一看,卻發現離職員工不能從事公司營業登記項目洋洋灑灑高達四十五項。限制地區、對象、範圍之大,連改行當房屋仲介、廢物清潔員、司機,都可能違反競業禁止條例。

F公司案最大的問題,是工作範圍的過度限制。F公司之四十五項的限制明顯封殺員工的工作機會,因此被法院判決競業禁止條例無效。

敲竹槓式的報復是徒勞的

一家小型公司藉口員工違反競業禁止條款為由,向法院提告,希望藉此獲得巨額賠償,並收殺雞儆猴之效。

提告公司:被告受僱為業務部門之業務人員,負責公司各項產品之國內外銷售業務,雙方之聘僱合約約定保密義務及競業禁止義務,要求被告在受僱期間或離職後,負有保密義務,在離職後一年內,不

得直接或間接從事與公司業務相關或相似之工作。但是被告於離職後至本公司最大競爭對手公司工作，顯已違反競業禁止條款，請求被告給付100萬元之懲罰性違約金及其利息。

被告員工：當初所簽定之聘僱契約為公司制式契約，員工毫無討價還價餘地，否則無法到職。其中之競業禁止條款違反憲法保障人民工作權之規定，應屬無效，除非公司能證明員工違反公司商業秘密，導致公司受到損害方能求償。

法院認定：公司與員工雙方簽訂競業禁止條款時必須合理、適當，具事實情況瞭解，該公司並未因為該員工之離職而業務萎縮或是競爭力降低，公司方也無法提出員工洩漏公司商務機密之事實，因此判決競業禁止條款無效。至於違約金及其利息部分因為條款無效因此駁回。

案例

A公司因旗下三名主管自前年10月至今年5月間分別離職，跳槽至競爭對手B公司，便以違反「競業禁止」約定為由，向三人求償合計一千三百萬元，並認為惡意挖角，應負連帶賠償責任，但結果卻被判敗訴。

原因有二，因為當時簽的合約僅限於僱傭關係期內；其次，雖有「但書」規定在某些狀況下，即使僱傭關係結束，員工仍受A公司拘束，不過這些「但書」使勞工處於不利地位，應屬無效。更重要的是，A公司也無法提出有力證據，證明這三人將情報與機密送往B公司，損害原公司權益，於是判其敗訴。

由以上案例我們不禁要問，究竟競業禁止條款要如何簽訂定才能兼顧員工工作權益與企業生存發展需求？某單位根據過去判決歸納出五個方向：

1. 工作範圍：是否限制太廣泛，影響員工生存基本權利？
2. 禁止期限：一般是一至二年，有些企業甚至是終身限制，法院是否同意？
3. 工作地點：競業禁止應有地域之限制，不可無限制放大，如全國？全球？
4. 補償措施：有限制就應有補償措施，否則對員工就不公平了。
5. 罰則合理性：是否超過員工負擔能力？是否屬於企業敲詐員工的手段？這些都是法院會考慮的因素。

員工既然進入公司工作，應該負有認真工作與保護公司機密之天則，這是基本倫理。而公司也需考慮離職員工的就業權利，不可一味祭出「競業禁止條款」來恐嚇員工，甚至藉由競業禁止條款而由員工身上牟取不法之暴利。如何取得雙方的共識與合理限制，的確是我們大家需要再加以仔細思索的課題。

企業實應採取以人為本位的管理、改善企業薪資福利，包括調薪、紅利、庫藏股，給員工中長程發展的願景。員工是公司最重要的資產，如何留住員工腦袋裡的know-how，除了薪資福利外，制度面的規劃更為重要。動用保密條款、競業禁止機制，畢竟是下策！

 ## 四、學習第二專長

目前就業市場幾乎是高科技及金融人才的天下，相對於熱門科系畢業生，非熱門科系學生求職過程似乎困難許多。據調查，企業聘用

　　新鮮人的考量，60%的企業表示專長符合即可，30%的企業要求一定要符合相關科系，另外10%的企業則表示沒有科系限制。

　　冷門科系畢業的社會新鮮人，找工作時可以將目標放在「不限科系」的工作職務，而非一味的希望擠進熱門企業；也可以把自己的第一專長轉換成第二專長，化劣勢爲優勢。如念地理測量相關科系的人，若進入電子地圖的網路公司做企劃人員，地理方面的專業知識就遠比科班出身的企業管理系學生強許多，只要在工作上加強行銷方面的相關知識及技巧，要成爲成功的行銷企劃人員並非難事。再加上，目前大學的教育不再以專業教育爲目的，教育出來的學生都是具備電腦及語文等多項專才的人才，只要抱著學習上進的心，要覓得一份工作並非難事。

　　在不斷變化、創新與整合的現代職場，只有單項專業及專長的上班族，難免會擔心自己的飯碗不保。在愈不利的環境下，愈要以專業知識及技能提升自己的價值，要設法提高自己專業的深度及廣度，更應該增加自己的工作彈性，培養第二專長，外語能力、良好的溝通技巧及高EQ更是必備條件。

　　或許沒有人會否認「要培養第二專長」的說法，但或許我們都小看了它能帶來的潛力。從「興趣」→「專長」，再從「副業」→「專業」→「事業」，競爭激烈的年代裡，第二專長，可能助你打開璀璨新路！

　　　　「不因幸運而故步自封，不因厄運而一蹶不振」。眞正的強者，善於從順境中找到陰影，從逆境中找到光亮，時時調準自己前進的目標。

　　　　　　　　——易普生（Henrik Johan Ibsen），挪威戲劇家

　　確實，多一項專長就等於多一把利劍，更容易讓你在職場叢林

中披荊斬棘開出新路，也更容易創造人生不同的可能。「一技之長走天下」的時代已經過去，「雙重專長」甚至「多重專長」才是保障。用舊專長防守目前疆域，新專長擭取未來機會，是上班族想立於不敗之地的必備策略。

第二專長能為你的人生創造更多的可能

具備第二專長一方面可為個人加值，提高自己的「不可取代性」，降低被解聘的風險；另一方面，即使要換跑道，也更能凸顯自己的「獨特性」與「潛力性」，讓對方驚豔，提高成功機率。相信沒有人會懷疑多一把刷子的必要性，但很多人共同的疑問是：我不知道第二專長的方向在哪裡？要怎樣快速建立？

(一)如何培養第二專長？

可從興趣著手，由「興趣」到「專長」。除了興趣，工作上遇到的困難，有時是另一個靈感的來源。其實，在工作中最快培養第二專長的方式，莫過於主動爭取部門輪調。邊做邊學，最容易快速進入狀況。

關於既有專長跟新專長之間，應該彼此互補或完全獨立，並沒有一個絕對的答案。但即使在原來的職位上繼續深耕，多一項know-how（專業知識）互相激盪，幾乎都能發揮「一加一大於二」的效果。這種效果，小則是個人不可取代的關鍵；大則甚至可以變成企業的特色。

如果更進一步，透過第二專長打造全新的舞台，當然是令人夢寐以求的結果。不過，從興趣到「專長」，從副業變「專業」到「事業」，中間還有許多功課要做。最重要的是，先擺脫玩票的心態，願意把技能提升到專業的水準，當機會迎面而來時，才能抓得住。

美國著名心理學家麥克利蘭（David C. McClelland）於1973年提出了一個著名的冰山理論，把人的素質描繪成一座冰山：冰山浮出水面的部分是表象，包括基本知識、技能，這些都比較容易瞭解；水下的冰山涵蓋自我形象、特質和動機，則難以測量，卻對行為與表現起關鍵性的作用。換言之，能否發現新能力不是來自智商，而是一場自我潛能探索的旅程。沒發現不代表你沒有，只要用心觀察尋找，必能找到自己的潛能所在。

(二)不景氣的年代是培養實力的好時機

◆專業認證持續升溫

有不少上班族有計畫進修電腦認證課程，其他人則計畫在未來取得專業證照或國際證照，可見不景氣上班族仍希望有證照來加強自我競爭力。一般的認證可當作對自身能力的肯定，但國際級證照則可通行世界各地，觸角有機會伸得更廣。不論是社會新鮮人，或是在職場多年的上班族，身處於景氣變動巨大的環境中，要時時注意自身的競爭力。除了加強外語能力之外，若能擁有國際級的專業認證，可提升職場能見度，加速自己站上國際舞台，在職場上扮演舉足輕重的角色。

◆學好英語刻不容緩

面對全球化浪潮，不僅是企業面臨嚴酷的考驗，各行各業的上

班族也需要具備相當的外語能力因應，調查顯示，47%的企業要求應徵者必須具備良好的英語溝通能力，公司規模越大，對英文的要求越高。目前職場上最被企業接受的兩種標準化英語證照爲「全民英檢」與「TOEIC測驗」，前者本土企業較常採用，後者則是因爲有國際認可的效力，廣受外商企業採用。

英文確實是與國際競爭接軌的重要能力，不論是企業或員工，都認同證照化、國際化是就業市場最重要趨勢，求職者的英語能力已經成爲取得面試的基本配備。上班族除加強提升語文能力外，不妨參加全民英檢中高級測驗或是TOEIC測驗，以得知本身的外語能力是否足以參與國際化競爭行列。

◆提高學歷進修熱潮未減

面對國內職場大學學歷人才普及化，加上整體經濟環境不佳，許多職場人士開始體認到學歷升級的必要性。逾五成企業優先考慮僱用碩士生，雖說高學歷並不等於高就業率，但不可否認學歷仍是取得面試升遷及專長再進修的重要參考。

職場倫理

作　　者／朱立安

出　版　者／揚智文化事業股份有限公司

發　行　人／葉忠賢

總　編　輯／閻富萍

特約執編／鄭美珠

地　　址／22204 新北市深坑區北深路三段 258 號 8 樓

電　　話／(02)8662-6826

傳　　真／(02)2664-7633

網　　址／http://www.ycrc.com.tw

E-mail ／ service@ycrc.com.tw

ISBN ／ 978-986-298-287-7

初版一刷／2012 年 5 月

二版一刷／2018 年 3 月

二版三刷／2021 年 10 月

定　　價／新台幣 380 元

國家圖書館出版品預行編目（CIP）資料

職場倫理 / 朱立安著. -- 二版. -- 新北市 ：
揚智文化, 2018.03
　　面；　公分

　　ISBN　978-986-298-287-7（平裝）

　　1.職業倫理

198　　　　　　　　　　　　　　107003129

Note...

Note...